+ Atividades
Português

1

Andréa Pereira de Souza
Elisabete Jacques Urizzi Garcia
Priscila Ramos de Azevedo

Nome: _____

Turma: _____

Escola: _____

Professor: _____

Editora do Brasil

Dados Internacionais de Catalogação na Publicação (CIP)
(Câmara Brasileira do Livro, SP, Brasil)

Souza, Andréa Pereira de
    + Atividades: português, 1 / Andréa Pereira de Souza, Elisabete
Jacques Urizzi Garcia, Priscila Ramos de Azevedo. – São Paulo: Editora
do Brasil, 2016.

    ISBN 978-85-10-06338-8 (aluno)
    ISBN 978-85-10-06339-5 (professor)

    1. Português (Ensino fundamental) 2. Português (Ensino fundamental)
- Atividades e exercícios
I. Garcia, Elisabete Jacques Urizzi. II. Azevedo, Priscila Ramos de. III. Título.

16-04095   CDD-372.6

Índices para catálogo sistemático:
1. Português: Ensino fundamental   372.6

Direção geral: Vicente Tortamano Avanso
Direção adjunta: Maria Lúcia Kerr Cavalcante de Queiroz

Direção editorial: Cibele Mendes Curto Santos
Gerência editorial: Felipe Ramos Poletti
Supervisão editorial: Erika Caldin
Supervisão de arte, editoração e produção digital: Adelaide Carolina Cerutti
Supervisão de direitos autorais: Marilisa Bertolone Mendes
Supervisão de controle de processos editoriais: Marta Dias Portero
Supervisão de revisão: Dora Helena Feres
Consultoria de iconografia: Tempo Composto Col. de Dados Ltda.

Coordenação editorial: Paulo Roberto Ribeiro
Edição: Simone D'Alevedo
Assistência editorial: Eloise Melero, Gabriel Madeira Fernandes e
Jamila Nascimento da Silva
Auxílio editorial: Bárbara Zocal da Silva
Coordenação de revisão: Otacilio Palareti
Copidesque: Ricardo Liberal
Revisão: Ana Carla Ximenes, Alexandra Resende e Maria Alice Gonçalves
Coordenação de iconografia: Léo Burgos
Pesquisa iconográfica: Adriana Vaz Abrão e Denise Cavalcante Sales
Coordenação de arte: Maria Aparecida Alves
Assistência de arte: Carla Del Matto
Design gráfico: Estúdio Sintonia e Patrícia Lino
Capa: Maria Aparecida Alves
Imagem de capa: Olha Ukhal/Shutterstock.com
Ilustrações: Alberto Di Stefano, Bruno Okada, Carlos Caminha, Eduardo Belmiro,
Estúdio Ornitorrinco, Fábio Eugenio e Ilustra Cartoon
Coordenação de editoração eletrônica: Abdonildo José de Lima Santos
Editoração eletrônica: Wlamir Y. Miasiro
Licenciamentos de textos: Renata Garbellini
Coordenação de produção CPE: Leila P. Jungstedt
Controle de processos editoriais: Beatriz Villanueva, Bruna Alves,
Carlos Nunes e Rafael Machado

1ª edição / 4ª impressão, 2025
Impresso na Hawaii Gráfica e Editora

**Editora
do Brasil**

Avenida das Nações Unidas, 12901
Torre Oeste, 20º andar
São Paulo, SP – CEP: 04578-910
Fone: + 55 11 3226-0211
www.editoradobrasil.com.br

Sumário

ADIVINHA

LEIA O TEXTO.

O QUE É, O QUE É?
FOI DADO A VOCÊ,
MAS OS OUTROS UTILIZAM MAIS.

ADIVINHA.

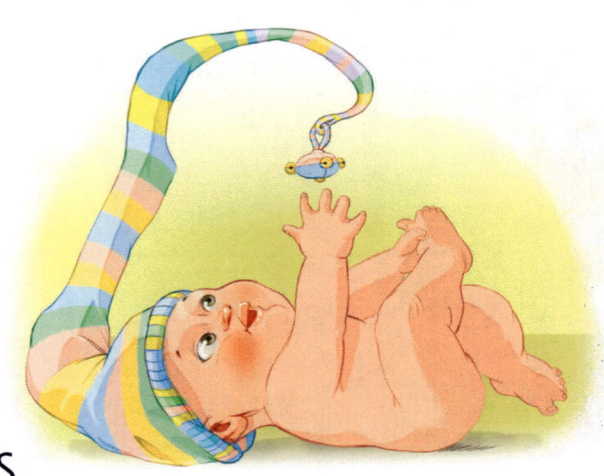

1 PINTE CADA LINHA DO TEXTO COM UMA COR.

LINHA 1

> O QUE É, O QUE É?

LINHA 2

> FOI DADO A VOCÊ,

LINHA 3

> MAS OS OUTROS UTILIZAM MAIS.

2 NA LINHA 1 É FEITA UMA PERGUNTA E A FRASE TERMINA COM UM SINAL. CIRCULE ESSE SINAL.

.   !   ?

3 NA LINHA 2 FOI EMPREGADA A PALAVRA "VOCÊ". A QUEM ESSA PALAVRA SE REFERE? LEIA AS RESPOSTAS E MARQUE A CORRETA.

A) ☐ "VOCÊ" É QUEM ESTÁ LENDO O TEXTO, ISTO É, O LEITOR.

B) ☐ "VOCÊ" É QUEM ESCREVEU O TEXTO, ISTO É, O AUTOR.

O TEXTO LIDO É UMA **ADIVINHA**. A ADIVINHA É FORMADA POR UMA PERGUNTA, UMA DESCRIÇÃO DO QUE DEVE SER ADIVINHADO E UMA RESPOSTA.

4 VOCÊ JÁ SABE A RESPOSTA PARA A PERGUNTA DA LINHA 1? O QUE FOI DADO A VOCÊ? PINTE A RESPOSTA.

SEU NOME	UM DADINHO

5 LEIA NOVAMENTE A LINHA 2.

FOI DADO A VOCÊ,

A) NESSA FRASE, "DADO A VOCÊ" PODE SER SUBSTITUÍDO POR:
- ☐ INFORMADO A VOCÊ.
- ☐ COLOCADO EM VOCÊ.

B) COPIE NO ESPAÇO A RESPOSTA DO ITEM **A** E FORME A FRASE.

SEU NOME FOI _____.

6 RELEIA A ADIVINHA E PINTE AS LINHAS NAS QUAIS ESTÁ A DESCRIÇÃO DO QUE DEVE SER ADIVINHADO.

O QUE É, O QUE É?

FOI DADO A VOCÊ,

MAS OS OUTROS UTILIZAM MAIS.

QUANDO A ADIVINHA É ESCRITA, A RESPOSTA GERALMENTE ESTÁ "ESCONDIDA", PARA O LEITOR NÃO A LER ANTES DE RESPONDER. NO FINAL DA ADIVINHA DESTE CAPÍTULO, POR EXEMPLO, A RESPOSTA PODERIA SER ESCRITA EMBAIXO DELA, DESTE JEITO:

SEU NOME.

 **LÍNGUA**

LETRA, ALFABETO E ORDEM ALFABÉTICA

1 OBSERVE AS IMAGENS E ASSINALE A RESPOSTA DE ACORDO COM O QUE ELA REPRESENTA.

A) **B** ☐ LETRA ☐ NÚMERO ☐ DESENHO

B) ⚽ ☐ LETRA ☐ NÚMERO ☐ DESENHO

C) **N** ☐ LETRA ☐ NÚMERO ☐ DESENHO

D) 🌹 ☐ LETRA ☐ NÚMERO ☐ DESENHO

E) **10** ☐ LETRA ☐ NÚMERO ☐ DESENHO

2 OBSERVE A IMAGEM E PINTE OS OBJETOS COM NOMES QUE COMEÇAM COM:

LETRA B	LETRA F	LETRA M	LETRA L

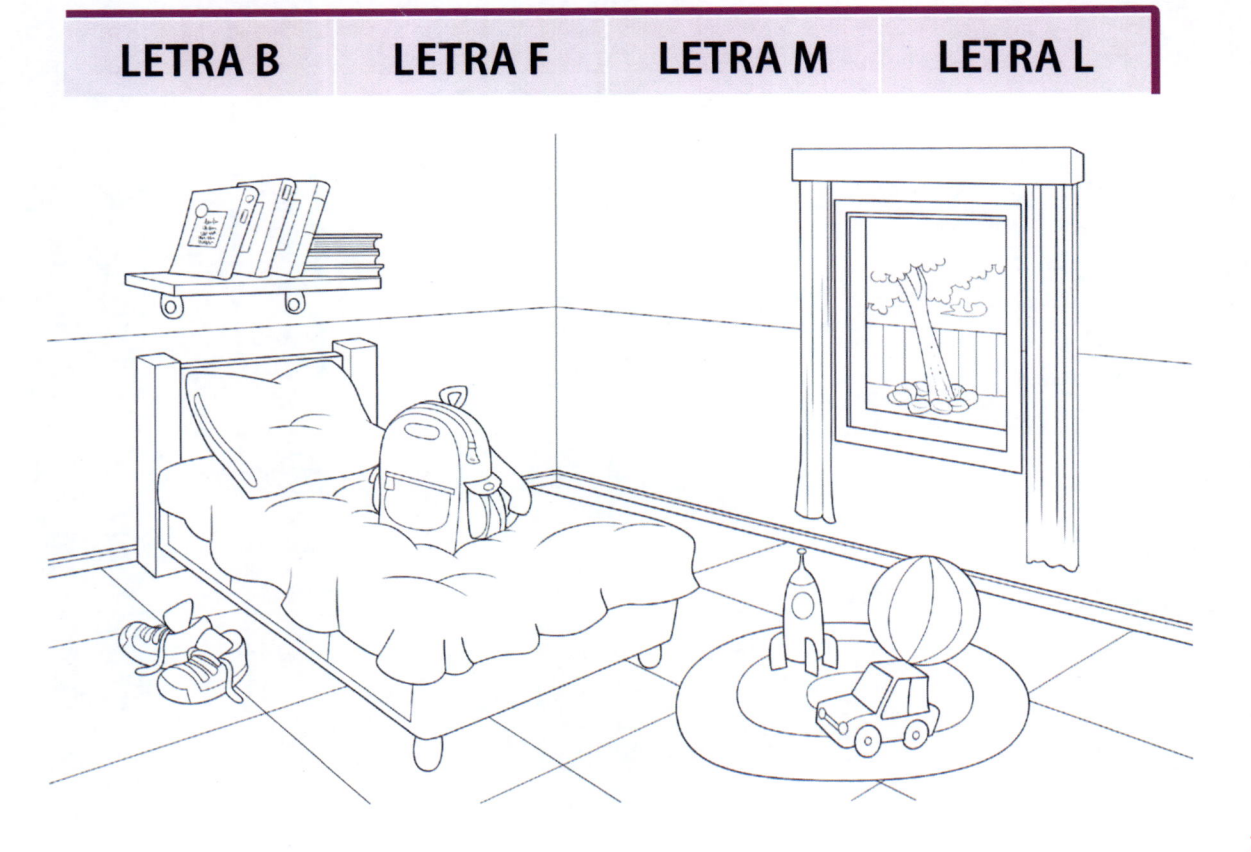

3 COMPLETE O QUADRO. PROCURE AS LETRAS QUE FALTAM EM FOLHETOS E REVISTAS, RECORTE-AS E COLE-AS NA SEQUÊNCIA CORRETA.

ALFABETO			
A			
		G	
			P

A SEQUÊNCIA COMPLETA DE LETRAS FORMA O **ALFABETO**: A B C D E F G H I J K L M N O P Q R S T U V W X Y Z

A) OBSERVE O QUADRO DO ALFABETO E CIRCULE AS LETRAS QUE SÃO USADAS PARA ESCREVER SEU NOME.

B) AGORA ESCREVA SEU NOME.

_____

4 COPIE O ALFABETO EM LETRA CURSIVA.

_____

_____

_____

_____

_____

_____

5 ESCREVA, NOS ESPAÇOS, AS LETRAS QUE COMPLETAM CADA FRASE.

A) O ALFABETO COMEÇA COM A LETRA _____ E TERMINA COM A LETRA _____.

B) A LETRA **F** VEM DEPOIS DA LETRA _____ E ANTES DA LETRA _____.

C) A LETRA **J** VEM ANTES DA LETRA _____ E DEPOIS DA LETRA _____.

6 ESCREVA SEU NOME NOVAMENTE.

_____

• AGORA RESPONDA:

A) QUAL É A **PRIMEIRA** LETRA DE SEU NOME? _____

B) QUAL LETRA DO ALFABETO VEM **ANTES** DELA? _____

C) QUAL LETRA DO ALFABETO VEM **DEPOIS** DELA? _____

AS LETRAS NO ALFABETO SEGUEM UMA SEQUÊNCIA, UMA ORDEM, A **ORDEM ALFABÉTICA**.

A LETRA **A** VEM ANTES DA LETRA **B**, QUE VEM ANTES DA LETRA **C**, QUE VEM ANTES DA LETRA **D**, E ASSIM ATÉ A LETRA **Z**.

7 LEIA OS NOMES E OBSERVE A LETRA INICIAL DE CADA UM.

IVANA → LETRA INICIAL **I**

FERNANDO → LETRA INICIAL **F**

BARTIRA → LETRA INICIAL **B**

EM ORDEM ALFABÉTICA, ESSES NOMES SÃO ESCRITOS ASSIM:

BARTIRA → NO ALFABETO, **B** ESTÁ ANTES DE **F**.

FERNANDO → NO ALFABETO, **F** ESTÁ ANTES DE **I**.

IVANA → NO ALFABETO, **I** ESTÁ DEPOIS DE **F**.

• ESCREVA OS NOMES A SEGUIR NA ORDEM ALFABÉTICA.

MARIA – BIANCA – LUÍSA – SOFIA – JÚLIO – RICARDO – FELIPE

_____

_____

_____

_____

_____

_____

ADIVINHA

RELEMBRE ALGUMAS CARACTERÍSTICAS DA ADIVINHA.

1 O QUE APARECE NO INÍCIO DA ADIVINHA? LEIA AS FRASES E MARQUE A CORRETA.

A) ☐ UMA PERGUNTA, QUE TERMINA COM O SINAL **?**.

B) ☐ UMA PERGUNTA, QUE TERMINA COM O SINAL ....

2 A ADIVINHA É FORMADA POR TRÊS PARTES. LEIA AS PALAVRAS E PINTE AS QUE INDICAM CADA UMA DELAS.

PERGUNTA	DESCRIÇÃO	AUTOR

RESPOSTA	LEITOR

3 LEIA O QUE ESTÁ ESCRITO EM CADA QUADRO.

O QUE É, O QUE É

A LETRA M.

ESTÁ NA PONTA FINAL DO FIM, NO INÍCIO DO MEIO E NO MEIO DO COMEÇO...

4 SIGA AS ETAPAS A SEGUIR PARA FORMAR UMA ADIVINHA.

1ª) ESCREVA NO VERSO DE CADA QUADRO OS NÚMEROS 1, 2 OU 3, ASSIM VOCÊ SABERÁ SE ELE CORRESPONDE À LINHA 1, À LINHA 2 OU À LINHA 3.

2ª) RECORTE OS QUADROS.

3ª) EM UMA FOLHA AVULSA, COLE OS QUADROS NA ORDEM ADEQUADA.

4ª) LEMBRE-SE DE QUE A PERGUNTA TERMINA COM O SINAL **?**. ESCREVA-O EM SEU TEXTO.

5ª) LEMBRE-SE TAMBÉM DE QUE A RESPOSTA VEM "DISFARÇADA", ISTO É, DE CABEÇA PARA BAIXO.

 TEXTO

POEMA (TRECHO)

LEIA O TEXTO E CONHEÇA O JEITO ENGRAÇADO DE ALGUMAS LETRAS.

O ALFABETO

1 O *A* É UMA ESCADA
2 BEM ABERTA, PELA QUAL
3 SE SOBE OU SE DESCE.

[...]

4 TEM JEITO DE GARFO
5 A LETRA *E*, ASSIM NO FIM
6 DA PALAVRA "FOME".

[...]

7 NA ORQUESTRA DAS LETRAS,
8 O *I*, DE TÃO FINO, É FLAUTA
9 OU ENTÃO **FLAUTIM**.

[...]

10 O *O*, UMA BOCA
11 QUE, NUM **ESPANTO** REDONDO,
12 DIZ APENAS: Ó!

[...]

13 O *U*, UM BURACO
14 NA CALÇADA, QUE ATRAVESSO
15 NUM ÚNICO PULO.

[...]

JOSÉ PAULO PAES ET AL. *UM POEMA PUXA O OUTRO*. SÃO PAULO: COMPANHIA DAS LETRINHAS, 2002. P. 9.

ESPANTO: MEDO, TERROR, SUSTO.
FLAUTIM: INSTRUMENTO MUSICAL SEMELHANTE À FLAUTA.

1 PARA QUAIS LETRAS SÃO DADAS CARACTERÍSTICAS ENGRAÇADAS? ESCREVA-AS NOS QUADROS.

☐　　☐　　☐　　☐　　☐

AS LETRAS **A**, **E**, **I**, **O** E **U** SÃO CLASSIFICADAS COMO **VOGAIS**.

2 O TEXTO ESTÁ ORGANIZADO EM 15 LINHAS.

A) ESCOLHA CINCO CORES E PINTE CADA TRÊS LINHAS COM UMA COR.

B) LEIA A INDICAÇÃO DE LINHAS E PINTE CADA QUADRINHO COM A MESMA COR QUE VOCÊ USOU NO TEXTO.

- ☐ LINHAS 1, 2 E 3
- ☐ LINHAS 4, 5 E 6
- ☐ LINHAS 7, 8 E 9
- ☐ LINHAS 10, 11 E 12
- ☐ LINHAS 13, 14 E 15

NESSE TIPO DE TEXTO, CADA LINHA É CHAMADA **VERSO**. POR SER FORMADO POR VERSOS, ESSE TEXTO É CLASSIFICADO COMO **POEMA**.

3 LEIA AS PALAVRAS QUE NOMEIAM OBJETOS E ESCREVA A LETRA QUE, NO POEMA, É COMPARADA A CADA UM.

A) ☐ VERSO 1: ESCADA

B) ☐ VERSOS 4 E 5: GARFO

C) ☐ VERSOS 8 E 9: FLAUTA E FLAUTIM

4 AGORA ESCREVA NOS QUADRINHOS AS LETRAS QUE SÃO COMPARADAS A UMA PARTE DO CORPO E A UM LUGAR.

A) ☐ VERSO 10 (PARTE DO CORPO): BOCA

B) ☐ VERSO 13 (LUGAR): BURACO

> CADA GRUPO DE VERSOS FORMA UMA **ESTROFE**. NESSE TRECHO DO POEMA "O ALFABETO", OS VERSOS ESTÃO ORGANIZADOS EM CINCO ESTROFES. ESSE POEMA COMPLETO TEM 23 ESTROFES.

5 AGORA, SOLTE SUA IMAGINAÇÃO E FAÇA UM DESENHO PARA CADA ESTROFE QUE VOCÊ LEU.

6 RELEIA O GLOSSÁRIO E DEPOIS FAÇA O QUE É PEDIDO.

> **ESPANTO:** MEDO, TERROR, SUSTO.
> **FLAUTIM:** INSTRUMENTO MUSICAL SEMELHANTE À FLAUTA.

A) CIRCULE A PRIMEIRA PALAVRA QUE TEM O SENTIDO INFORMADO NO GLOSSÁRIO.

B) ESSA PALAVRA FOI EMPREGADA NA ESTROFE QUE FALA DE QUAL VOGAL?

_____

NO **GLOSSÁRIO** É INFORMADO O SENTIDO DE ALGUMAS PALAVRAS NO TEXTO.

LÍNGUA

VOGAIS

1 LEIA ESTAS PALAVRAS:

- ABERTA   A B E R T A
- FINO   F I N O
- REDONDO   R E D O N D O

A) PINTE A ÚLTIMA LETRA DE CADA PALAVRA.

B) COPIE AS PALAVRAS QUE TERMINAM COM A MESMA LETRA. REESCREVA-AS TROCANDO A LETRA **O** DO FINAL DAS PALAVRAS PELA LETRA **A**.

_____

_____

2 COM BASE NA LEGENDA A SEGUIR, ESCREVA NOS QUADRINHOS EM BRANCO O NÚMERO EQUIVALENTE À LETRA INICIAL DE CADA PALAVRA.

A–1   E–2   I–3   O–4   U–5

☐ AVIÃO

☐ ÓCULOS

☐ OVO

☐ ABELHA

☐ IGREJA

☐ UVA

☐ ELEFANTE

☐ ESCOLA

3 LEIA AS ADIVINHAS E LIGUE CADA UMA À SUA RESPOSTA.

É BRANQUINHO, TEM A MÃE DESDENTADA E O PAI CANTOR.

ALHO

TEM CABEÇA, TEM DENTE, TEM BARBA, NÃO É BICHO NEM É GENTE.

OVO

QUANTO MAIOR É, MENOS SE VÊ.

ABACAXI

TEM ESCAMA, MAS NÃO É PEIXE; TEM COROA, MAS NÃO É REI.

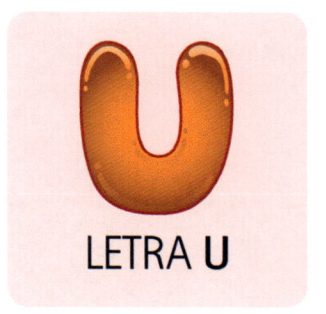

LETRA **U**

SE VÊ TANTO NA LUZ COMO NO ESCURO.

ESCURIDÃO

POEMA

1 COMPLETE AS LACUNAS E FORME UM NOVO POEMA COM BASE NO TEXTO "O ALFABETO". USE AS PALAVRAS QUE ESTÃO AO LADO DE CADA ESTROFE.

O *A* É UMA ESCADA
BEM ABERTA, _____

_____

[...]

> **ESTROFE 1**
> NA QUAL
> SE BRINCA DE
> ESCORREGAR

TEM JEITO DE GARFO
A LETRA *E*, ASSIM NO FIM
DA PALAVRA "_____"
[...]

> **ESTROFE 2**
> APETITE

_____ DAS LETRAS,
O *I*, DE TÃO FINO, É _____
OU ENTÃO _____
[...]

> **ESTROFE 3**
> NO BAILE
> BAILARINA
> BAILARINO

O *O*, UMA BOCA
QUE NUM ESPANTO REDONDO
DIZ APENAS: _____!
[...]

> **ESTROFE 4**
> UI

O *U*, UM BURACO
NA CALÇADA, QUE ATRAVESSO
NUM _____.

> **ESTROFE 5**
> SALTO COMO
> UM GATO

JOSÉ PAULO PAES E OUTROS. *UM POEMA PUXA O OUTRO.*
SÃO PAULO: COMPANHIA DAS LETRINHAS, 2002. P. 9.

 **TEXTO**

 FÁBULA

A HISTÓRIA A SEGUIR MOSTRA UMA GRANDE LIÇÃO. QUAL SERÁ ELA? LEIA E DESCUBRA.

O BURRO E O LEÃO

VINHA O BURRO PELO CAMINHO, NA SUA **IGNORÂNCIA** DE SEMPRE.

NUMA CURVA **DEPAROU** COM O LEÃO.

— SAIA JÁ DA MINHA FRENTE — DISSE ELE, COM A **PRESUNÇÃO** DOS TOLOS.

O LEÃO OLHOU BEM PARA O BURRO E PENSOU:

"SERIA FÁCIL DEMAIS DAR UMA LIÇÃO A ESTE INFELIZ. NÃO VOU SUJAR MEUS DENTES E MINHAS GARRAS COM ELE."

E PROSSEGUIU, MUITO CALMO, SEM SE IMPORTAR COM O BURRO.

RUTH ROCHA. *FÁBULAS DE ESOPO.* SÃO PAULO: MODERNA, 2010. P. 15.

DEPARAR: ENCONTRAR DE REPENTE.
IGNORÂNCIA: FALTA DE CONHECIMENTOS OU DE INFORMAÇÕES.
PRESUNÇÃO: ORGULHO; COMPORTAMENTO DE QUEM SE CONSIDERA SUPERIOR AOS OUTROS.

1 RELEIA O INÍCIO DO TEXTO E PINTE AS FRASES DE ACORDO COM A LEGENDA.

🟦 FRASE QUE INFORMA O QUE O BURRO FAZ.

🟨 FRASE QUE INFORMA QUANDO O LEÃO APARECE.

A) ☐

VINHA O BURRO PELO CAMINHO, NA SUA IGNORÂNCIA DE SEMPRE.

B) ☐

NUMA CURVA DEPAROU COM O LEÃO.

CADA FRASE QUE VOCÊ PINTOU FORMA UM **PARÁGRAFO**.
O PARÁGRAFO É INDICADO PELA MUDANÇA DE LINHA E PELO "ESPAÇO VAZIO" ANTES DA PRIMEIRA PALAVRA DAS FRASES.
"VINHA O BURRO PELO CAMINHO, NA SUA IGNORÂNCIA DE SEMPRE.
NUMA CURVA DEPAROU COM O LEÃO."

2 VOLTE AO TEXTO E CONTE OS PARÁGRAFOS. DEPOIS COMPLETE A FRASE A SEGUIR COM A QUANTIDADE ENCONTRADA.

• O TEXTO É FORMADO POR _____ PARÁGRAFOS.

3 RELEIA ESTES PARÁGRAFOS E ESCREVA A QUAL PERSONAGEM ELES SE REFEREM.

> — SAIA JÁ DA MINHA FRENTE — DISSE ELE, COM A PRESUNÇÃO DOS TOLOS.

_____

> "SERIA FÁCIL DEMAIS DAR UMA LIÇÃO A ESTE INFELIZ. NÃO VOU SUJAR MEUS DENTES E MINHAS GARRAS COM ELE."

_____

A) QUAL PERSONAGEM ESTÁ FALANDO?

_____

B) QUAL PERSONAGEM ESTÁ PENSANDO?

_____

O PRIMEIRO PARÁGRAFO SE INICIA COM O SINAL —, CHAMADO **TRAVESSÃO**. ESSE SINAL INDICA FALA DE PERSONAGEM.

O SEGUNDO PARÁGRAFO, QUE MOSTRA O PENSAMENTO DO LEÃO, COMEÇA E TERMINA COM OS SINAIS "", CHAMADOS **ASPAS**. ESSES SINAIS INDICAM PENSAMENTO DE PERSONAGEM.

4 O QUE SIGNIFICA O PENSAMENTO DO LEÃO? MARQUE UM **X** NA ALTERNATIVA CORRETA.

A) ☐ O LEÃO PENSOU EM DEVORAR O BURRO, MAS SEM SUJAR OS DENTES E AS GARRAS. IRIA COMÊ-LO CALMAMENTE.

B) ☐ O LEÃO PENSOU EM NÃO COMER O BURRO, PORQUE PERCEBEU SUA IGNORÂNCIA.

5 FAÇA A CORRESPONDÊNCIA ENTRE AS PALAVRAS.

A) TOLO   DESCONHECIMENTO

B) IGNORÂNCIA   CONTINUAR

C) PROSSEGUIR   PREOCUPAR-SE

D) IMPORTAR-SE   BOBO

 **LÍNGUA**

 ## CONSOANTES

1 RELEIA O PRIMEIRO PARÁGRAFO DO TEXTO E OBSERVE AS LETRAS DESTACADAS.

> VINHA O BURRO PELO CAMINHO, NA SUA IGNORÂNCIA DE SEMPRE.

A) AS VOGAIS ESTÃO DESTACADAS COM QUAL COR? CIRCULE O QUADRINHO.

🟦   🟩

B) AS LETRAS DESTACADAS EM VERDE SÃO AS CONSOANTES. ESCREVA AS CONSOANTES QUE FALTAM PARA FORMAR O ALFABETO.

A _____ _____ _____ _____ E F G H I J K

_____ _____ _____ _____ O _____ Q

_____ S T U _____ W X Y Z

 O ALFABETO É FORMADO POR **VOGAIS** E **CONSOANTES**.

2 RELEIA O QUINTO PARÁGRAFO DO TEXTO:

"SERIA FÁCIL DEMAIS DAR UMA LIÇÃO A ESTE INFELIZ. NÃO VOU SUJAR MEUS DENTES E MINHAS GARRAS COM ELE."

A) CIRCULE AS PALAVRAS TERMINADAS EM CONSOANTE.

B) COPIE AS PALAVRAS QUE COMEÇAM OU TERMINAM EM VOGAL. _____

PRODUÇÃO DE TEXTO

FÁBULA

1 CRIE OUTRO INÍCIO PARA A HISTÓRIA SEGUINDO AS ETAPAS.

1ª) REESCREVA, NO CADERNO, O PRIMEIRO PARÁGRAFO INDICANDO O QUE O BURRO ESTÁ PENSANDO ANTES DE CHEGAR À CURVA ONDE ENCONTRARÁ O LEÃO.

- SERÁ QUE O BURRO IMAGINA ENCONTRAR O LEÃO?
- SERÁ QUE O BURRO E O LEÃO JÁ SE ENCONTRARAM NAQUELA MESMA CURVA?
- SERÁ QUE O BURRO FOI POR ALI JUSTAMENTE PARA ENCONTRAR O LEÃO?

2ª) COMECE A ELABORAR O PARÁGRAFO INICIAL PENSANDO NA ORGANIZAÇÃO DO TEXTO. UTILIZE AS ASPAS PARA AS FRASES QUE REPRESENTAM O PENSAMENTO DO BURRO E, SE HOUVER FALAS, UTILIZE O TRAVESSÃO.

3ª) RELEIA SEU TEXTO E VERIFIQUE SE AS FRASES TÊM SENTIDO E SE VOCÊ USOU TODAS AS LETRAS NECESSÁRIAS (VOGAIS E CONSOANTES) NAS PALAVRAS QUE ESCREVEU.

 TEXTO

 **TIRINHA**

LEIA ESTE TEXTO, FORMADO POR PALAVRAS E IMAGENS.

ESTEVÃO RIBEIRO. *OS PASSARINHOS*. DISPONÍVEL EM: <WWW.OSPASSARINHOS.COM.BR/TAG/AMIZADE>. ACESSO EM: DEZ. 2015.

1 QUAIS IMAGENS APARECEM NESSE TEXTO? CIRCULE AS PALAVRAS QUE DÃO NOME A ELAS.

PÁSSAROS – GAIOLA – BOMBEIROS

GRAMA – SOLDADOS

2 ASSINALE A FRASE QUE EXPLICA COMO AS PALAVRAS ESTÃO ORGANIZADAS.

A) ☐ AS PALAVRAS ESTÃO EM LINHAS, FORMANDO VERSOS E ESTROFES.

B) ☐ AS PALAVRAS ESTÃO PRÓXIMAS DAS IMAGENS DOS PERSONAGENS, DENTRO DE BALÕES.

3 ACOMPANHE AS EXPLICAÇÕES A SEGUIR.

IMAGENS: TIRINHA *OS PASSARINHOS*, DE ESTEVÃO RIBEIRO.

1º QUADRINHO   2º QUADRINHO   3º QUADRINHO

A) QUAL QUADRINHO APRESENTA O **INÍCIO** DA HISTÓRIA? ASSINALE A ALTERNATIVA CORRETA.

- ☐ 1º   - ☐ 2º   - ☐ 3º

B) QUAL QUADRINHO APRESENTA O **FINAL** DA HISTÓRIA? ASSINALE A ALTERNATIVA CORRETA.

- ☐ 1º   - ☐ 2º   - ☐ 3º

C) O QUE O PÁSSARO ESTÁ FAZENDO NO 1º QUADRINHO? PINTE A FRASE COM A RESPOSTA CORRETA.

O PÁSSARO ESTÁ CANTANDO.

O PÁSSARO ESTÁ DANÇANDO.

O PÁSSARO ESTÁ PEDINDO SOCORRO.

4 LIGUE CADA FRASE AO PERSONAGEM QUE A FALA.

A)

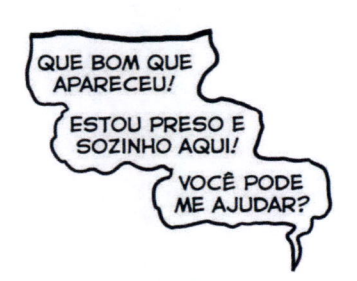

PÁSSARO QUE PEDE SOCORRO.

B)

C)

D)

PÁSSARO QUE APARECEU.

 AS FRASES QUE OS PERSONAGENS FALAM NESSE TEXTO VÊM EM UM BALÃO.

5 OBSERVE UM TRECHO DO 3º QUADRINHO:

A) COPIE A PALAVRA QUE APARECE NESSA PARTE DO TERCEIRO QUADRINHO. _____

B) ASSINALE O QUE ESSA PALAVRA REPRESENTA.

- ☐ O BARULHO DA PORTA DA GAIOLA AO SER ABERTA.
- ☐ O BARULHO DO TOQUE QUE O PÁSSARO DÁ NA PRÓPRIA TESTA.
- ☐ O BARULHO DO RISO PELA ATITUDE DO PÁSSARO BRANCO.

AS PALAVRAS QUE REPRESENTAM SONS SÃO CHAMADAS **ONOMATOPEIAS**, POR EXEMPLO: *TIQUE-TAQUE* (SOM DO RELÓGIO). AS ONOMATOPEIAS SÃO MUITO UTILIZADAS EM TIRINHAS.

6 NESSA TIRINHA, APARECEM DOIS TIPOS DE BALÃO:

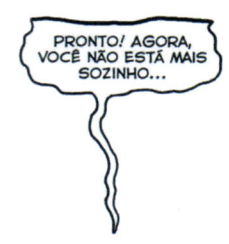

- MARQUE A FRASE CORRETA EM RELAÇÃO AO PRIMEIRO BALÃO.

A) ☐ O CONTORNO DO BALÃO E AS LETRAS MAIORES INDICAM QUE O PERSONAGEM ESTÁ FALANDO BAIXO.

B) ☐ O PERSONAGEM ESTÁ FALANDO ALTO, GRITANDO, POR ISSO O CONTORNO DO BALÃO É DIFERENTE E AS LETRAS SÃO MAIORES E MAIS GROSSAS.

 **LÍNGUA**

SÍLABAS

1 LEIA AS PALAVRAS DO QUADRO E OBSERVE AS INDICAÇÕES:

PATO → VOGAIS **A** E **O**: PA - TO

ZEBRA → VOGAIS **E** E **A**: ZE - BRA

ESSAS PALAVRAS TÊM DUAS VOGAIS E DUAS SÍLABAS.
EM CADA QUADRINHO HÁ UMA SÍLABA.

A) LEIA AS PALAVRAS ABAIXO E ESCREVA CADA SÍLABA EM UM QUADRINHO.

- PERA ☐ - ☐

- PIPA ☐ - ☐

- SAPO ☐ - ☐

- PUDIM ☐ - ☐

- ZABUMBA ☐ - ☐ - ☐

- BUZINA ☐ - ☐ - ☐

- GRANIZO ☐ - ☐ - ☐

- AZULEJO ☐ - ☐ - ☐ - ☐

- TATURANA ☐ - ☐ - ☐ - ☐

B) OBSERVE AS SÍLABAS DAS PALAVRAS DO ITEM **A**, LEIA AS FRASES A SEGUIR E MARQUE A CORRETA.

- [ ] TODAS AS SÍLABAS TÊM VOGAL.
- [ ] ALGUMAS SÍLABAS NÃO TÊM VOGAL.

C) LIGUE CADA FOTOGRAFIA À PALAVRA QUE A NOMEIA. OBSERVE OS EXEMPLOS:

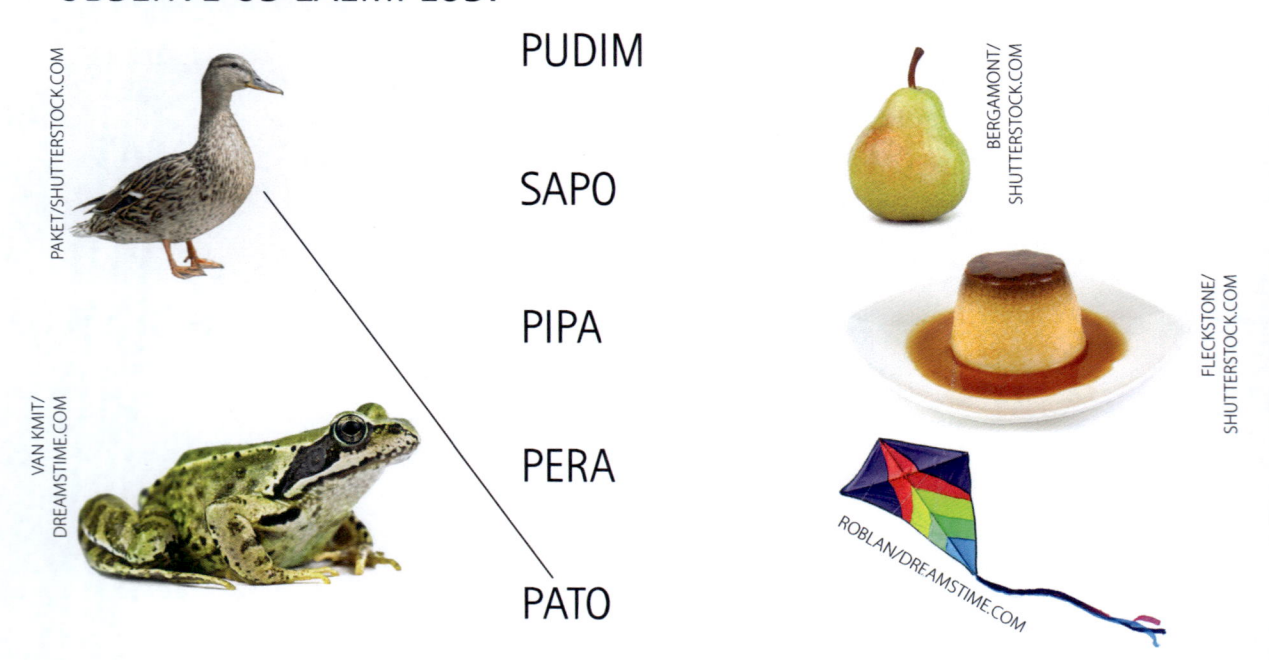

PUDIM

SAPO

PIPA

PERA

PATO

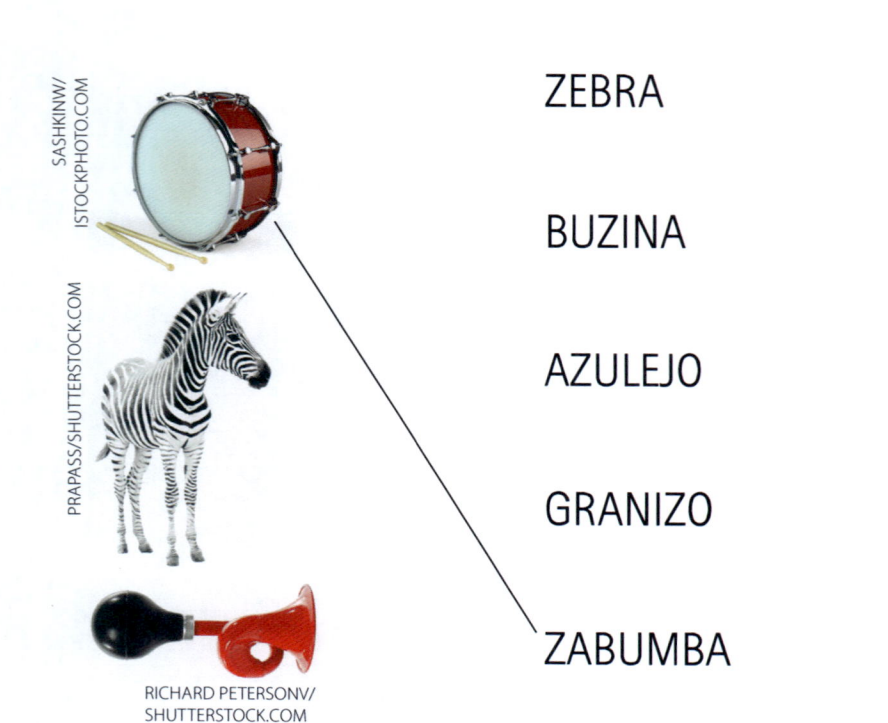

ZEBRA

BUZINA

AZULEJO

GRANIZO

ZABUMBA

2 LEIA AS SÍLABAS:

ZA –	PE –	PO
ZI –	ZU –	PA
PI –	ZO –	ZE

A) USE ESSAS SÍLABAS PARA PREENCHER OS ESPAÇOS A SEGUIR E FORMAR PALAVRAS.

- _____RTA
- A_____ITONAS
- _____MENTA

- _____NA
- A_____NAS
- _____RETA

- DURE_____
- CA_____
- BU_____NA

B) LEIA AS PALAVRAS FORMADAS ACIMA E COLOQUE CADA SÍLABA EM UM QUADRINHO.

- PORTA ☐ - ☐
- AZEITONAS ☐ - ☐ - ☐ - ☐
- PIMENTA ☐ - ☐ - ☐
- ZONA ☐ - ☐
- APENAS ☐ - ☐ - ☐
- ZURETA ☐ - ☐ - ☐
- DUREZA ☐ - ☐ - ☐
- CAPA ☐ - ☐
- BUZINA ☐ - ☐ - ☐

C) COMPLETE AS COLUNAS DO QUADRO DE ACORDO COM AS INDICAÇÕES.

PALAVRA	QUANTIDADE DE LETRAS	QUANTIDADE DE SÍLABAS
PORTA		
AZEITONAS		
PIMENTA		
ZONA		
APENAS		
ZURETA		
DUREZA		
CAPA		
BUZINA		

D) NA TABELA, PINTE DE AMARELO A PALAVRA QUE TEM MAIS LETRAS.

E) NA TABELA, PINTE DE VERDE AS PALAVRAS QUE TÊM MENOS SÍLABAS.

3 LEIA AS PALAVRAS A SEGUIR, OBSERVE O QUE ESTÁ INDICADO E ESCREVA O QUE É SOLICITADO.

A) PERSONAGEM PER – SO – NA – GEM

- QUANTIDADE DE LETRAS:
- QUANTIDADE DE SÍLABAS:

B) QUADRINHOS [QUA] - [DRI] - [NHOS]

- QUANTIDADE DE LETRAS: ☐

- QUANTIDADE DE SÍLABAS: ☐

4 COM BASE NAS PALAVRAS DO EXERCÍCIO ANTERIOR, PODEMOS CONCLUIR QUE:

A) ☐ HÁ PALAVRAS FORMADAS PELA MESMA QUANTIDADE DE LETRAS, MAS COM QUANTIDADE DIFERENTE DE SÍLABAS, COMO **PERSONAGEM** E **QUADRINHOS**.

B) ☐ AS PALAVRAS COM A MESMA QUANTIDADE DE LETRAS TÊM SEMPRE A MESMA QUANTIDADE DE SÍLABAS.

PRODUÇÃO DE TEXTO

TIRINHA

1 NO INÍCIO DO CAPÍTULO, VOCÊ LEU UMA TIRINHA E FEZ ATIVIDADES SOBRE COMO ELA É FORMADA. AGORA VOCÊ CRIARÁ OUTRO FINAL PARA A TIRINHA SEGUINDO ESTAS ETAPAS.

1ª) ANTES DE COMEÇAR A ELABORÁ-LA, PENSE EM COMO SERÁ O FINAL CRIADO POR VOCÊ:

- QUAL SERÁ A ATITUDE DO PERSONAGEM QUE JÁ ESTAVA NA GAIOLA?

- QUAL PERSONAGEM FALARÁ? OS DOIS OU SÓ O QUE ENTROU?

- O QUE SERÁ DITO PELOS PERSONAGENS?

- ALGUM DOS PERSONAGENS VAI FALAR ALTO OU GRITAR?

- SERÁ INDICADO ALGUM BARULHO?

2ª) COMECE A ELABORAR O FINAL PARA A TIRINHA.

DICAS:

- ANTES DE ESCREVER E DESENHAR, RELEIA A TIRINHA E RELEMBRE O QUE OS PERSONAGENS FALAM E FAZEM PARA VOCÊ TER CERTEZA DO QUE QUER QUE ACONTEÇA NO FINAL.
- LEMBRE-SE DE QUE NESSA TIRINHA HÁ BALÕES, COM A FALA DOS PERSONAGENS.
- SE QUISER, VOCÊ PODE COLOCAR OUTRO PERSONAGEM NA HISTÓRIA, CRIANDO UM SENTIDO DIFERENTE.

3ª) ESCREVA AS FRASES QUE VAI USAR E VERIFIQUE SE ESCREVEU TODAS AS LETRAS DAS PALAVRAS.

4ª) COMO VOCÊ ELABORARÁ UM QUADRINHO QUE SERÁ CONTINUAÇÃO DE UMA TIRINHA, PROCURE USAR EM SEU DESENHO AS MESMAS CORES DA TIRINHA.

5ª) AGORA ELABORE O QUADRINHO COM O FINAL CRIADO POR VOCÊ.

 **TEXTO**

CANTIGA DE RODA

LEIA UM TRECHO DE UMA CANTIGA DE RODA.

SAPO-CURURU

SAPO-CURURU
NA BEIRA DO RIO
QUANDO O SAPO CANTA,
O, **MANINHA**,
É QUE ESTÁ COM FRIO!
[...]

CANTIGA.

MANINHA: IRMÃ, IRMÃZINHA.

1 ESSE TEXTO É FORMADO POR PARÁGRAFOS, VERSOS OU QUADRINHOS?

2 PINTE A ILUSTRAÇÃO QUE REPRESENTA O QUE O SAPO ESTÁ SENTINDO.

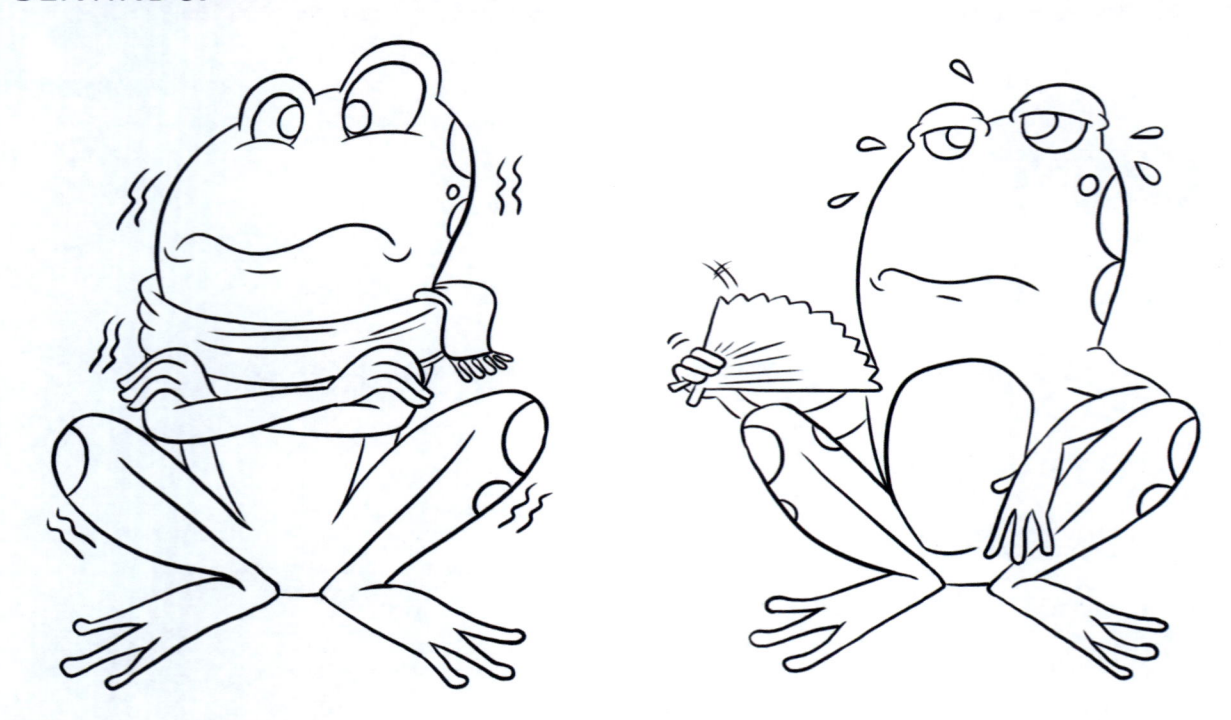

3 PINTE A ILUSTRAÇÃO QUE REPRESENTA O SAPO E ONDE ELE ESTÁ.

4 NOS VERSOS 2 E 5, PINTE AS PALAVRAS QUE TÊM O SOM FINAL PARECIDO.

> AS PALAVRAS QUE TERMINAM COM AS MESMAS LETRAS OU COM SONS MUITOS PARECIDOS FORMAM **RIMAS**, OU SEJA, ELAS RIMAM.
> A LETRA DE CANTIGA É FORMADA POR VERSOS E TEM PALAVRAS QUE RIMAM.

5 LEIA A INFORMAÇÃO A SEGUIR:

> **MANINHA:** IRMÃ, IRMÃZINHA.

- EM QUAL PARTE DO TEXTO *SAPO-CURURU* ESSA INFORMAÇÃO PODERIA APARECER? CIRCULE A RESPOSTA.

> TÍTULO — VERSO — GLOSSÁRIO

 **LÍNGUA**

SÍLABAS **RA E SA**

1 LEIA AS PALAVRAS E PINTE CADA QUADRINHO DE ACORDO COM A LEGENDA.

 PALAVRA COM CONSOANTE **S**

PALAVRA COM CONSOANTE **R**

- [ ] SAPO
- [ ] GRANDE
- [ ] AMARELADA
- [ ] MANCHAS

2 LEIA AS PALAVRAS E OBSERVE AS SÍLABAS DESTACADAS.

R A T O

S A P O

• AGORA OBSERVE ESTAS OUTRAS PALAVRAS E ESCREVA-AS NA COLUNA ADEQUADA.

SINO – SAPATO – RIO

RUA – SOL – SEMANA

ROUPA – SÍLABA

RÃ – RIACHO

PALAVRA INICIADA COM...	
... CONSOANTE **R**	... CONSOANTE **S**

3 LEIA AS PALAVRAS E SEPARE-AS EM SÍLABAS.

A) REI ☐

B) RAINHA ☐ - ☐ - ☐

C) SOPA ☐ - ☐

D) SUOR ☐ - ☐

E) ROBÔ ☐ - ☐

F) REMÉDIO ☐ - ☐ - ☐

G) SÍTIO ☐ - ☐

H) SABONETE ☐ - ☐ - ☐ - ☐

4 UTILIZANDO AS PALAVRAS DA ATIVIDADE 3, COPIE O QUE SE PEDE.

A) PALAVRA COM UMA SÍLABA.

_____

B) PALAVRAS COM SÍLABA FORMADA POR DUAS VOGAIS.

_____

C) PALAVRA COM SÍLABA FORMADA POR DUAS CONSOANTES.

_____

D) PALAVRA COM SÍLABA TERMINADA EM **R**.

_____

E) PALAVRA COM SÍLABA FORMADA SOMENTE POR VOGAL.

_____

CANTIGA

1 RECRIE E REESCREVA, NO CADERNO, A CANTIGA. PARA ISSO, SIGA ESTAS ETAPAS.

1ª) FAÇA UM RASCUNHO USANDO AS PALAVRAS E AS FRASES DO QUADRO A SEGUIR.

> RIACHO
>
> NÃO
>
> PORQUE ESTÁ RESFRIADO, ACHO!

2ª) ESCREVA AS PALAVRAS DO QUADRO ASSIM:

- **RIACHO** → FINAL DO VERSO 2
- **NÃO** → VERSO 3, ANTES DE **CANTA**
- **PORQUE ESTÁ RESFRIADO, ACHO!** → VERSO 5, DEPOIS DE **É**

3ª) QUANDO ESTIVER ELABORANDO SUA CANTIGA, ELIMINE AS PALAVRAS DESNECESSÁRIAS.

4ª) ANTES DE ESCREVER A VERSÃO FINAL DE SUA CANTIGA, RELEIA OS VERSOS 2, 3 E 5 DO RASCUNHO E OBSERVE SE VOCÊ USOU TODAS AS PALAVRAS E FRASES DO QUADRO.

5ª) CRIE UM TÍTULO PARA SUA CANTIGA.

6ª) RELEIA O QUE ESCREVEU E VERIFIQUE SE EMPREGOU AS VOGAIS E CONSOANTES ADEQUADAMENTE.

7ª) CORRIJA O QUE FOR NECESSÁRIO.

 **TEXTO**

RELATO DE MEMÓRIA

O TEXTO QUE VOCÊ LERÁ NESTE CAPÍTULO TRATA DE UM APARELHO MUITO USADO. QUAL SERÁ?

EU ME LEMBRO

[...]

LEMBRO A EMOÇÃO DO PRIMEIRO TELEFONE. MEU IRMÃO RICARDO, SEIS ANOS, ATENDENDO O CHAMADO DE UM AMIGO. O TELEFONE ERA UMA CAIXA DE MADEIRA QUE SE FIXAVA NA PAREDE; NA FRENTE TINHA UM TUBO PARA RECEBER A VOZ DO FALANTE E, NUM DOS LADOS, UM OUTRO TUBO PENDURADO A UMA CORDA PARA TRANSMITIR O SOM. GIRANDO A **MANIVELA** QUE FICAVA DO OUTRO LADO SE CHAMAVA A **TELEFONISTA**; NAQUELA ÉPOCA O TELEFONE NÃO ERA MECANIZADO.

PARA NÓS, CRIANÇAS, O APARELHO PARECIA MÁGICO: PODÍAMOS OUVIR SEM VER.

GERDA BRENTANI. *EU ME LEMBRO*. SÃO PAULO: COMPANHIA DAS LETRINHAS, 2001. P. 6.

MANIVELA: PEÇA QUE, AO SER GIRADA, FAZ UM APARELHO FUNCIONAR.
TELEFONISTA: PROFISSIONAL QUE FAZ AS LIGAÇÕES TELEFÔNICAS.

1 COMO VOCÊ JÁ LEU O TEXTO, PODE RESPONDER À PERGUNTA FEITA ANTES DA LEITURA: DE QUAL APARELHO O TEXTO TRATA?

_____

2 RELEIA O TÍTULO DO TEXTO.

EU ME LEMBRO

- FORME UMA FRASE USANDO O TÍTULO E O NOME DO APARELHO.

_____

_____

3 LEIA AS FRASES A SEGUIR E MARQUE COM UM **X** A QUE ESTÁ DE ACORDO COM O SENTIDO DO TEXTO:

A) ☐ A FRASE "EU ME LEMBRO" INDICA QUE O TELEFONE DE QUE TRATA O TEXTO É DO PASSADO, DE ANTIGAMENTE. A PALAVRA "LEMBRO" REFORÇA ESSA IDEIA.

B) ☐ A FRASE "MEU IRMÃO RICARDO, SEIS ANOS, ATENDENDO O CHAMADO DE UM AMIGO" INDICA QUE RICARDO ATENDEU AO TELEFONE CELULAR.

4 COPIE DO FINAL DO PRIMEIRO PARÁGRAFO A EXPRESSÃO QUE TAMBÉM INDICA DE QUANDO É O TELEFONE.

_____

5 O TRECHO APRESENTADO TEM DOIS PARÁGRAFOS.

A) EM QUAL PARÁGRAFO ESTÁ A EXPLICAÇÃO SOBRE COMO ERA O TELEFONE E COMO ELE FUNCIONAVA?

_____

B) PINTE A EXPLICAÇÃO NO TEXTO.

 **LÍNGUA**

◼ SÍLABAS **FO E MA**

1 RELEIA ESTA FRASE DO TEXTO *EU ME LEMBRO*:

> [...] GIRANDO A **MANIVELA** QUE **FICAVA** DO OUTRO LADO SE **CHAMAVA** A **TELEFONISTA**; NAQUELA ÉPOCA O **TELEFONE** NÃO ERA **MECANIZADO**.

- OBSERVE AS PALAVRAS DESTACADAS E ESCREVA-AS NA COLUNA CORRESPONDENTE.

PALAVRAS INICIADAS COM A CONSOANTE F	PALAVRAS INICIADAS COM A CONSOANTE M

PALAVRAS COM A CONSOANTE F NO MEIO	PALAVRAS COM A CONSOANTE M NO MEIO

TELE**FO**NE **MÁ**GICO

WABENO/ISTOCKPHOTO.COM

SYDA PRODUCTIONS/SHUTTERSTOCK.COM

• FORME AS SÍLABAS ACRESCENTANDO AS VOGAIS.

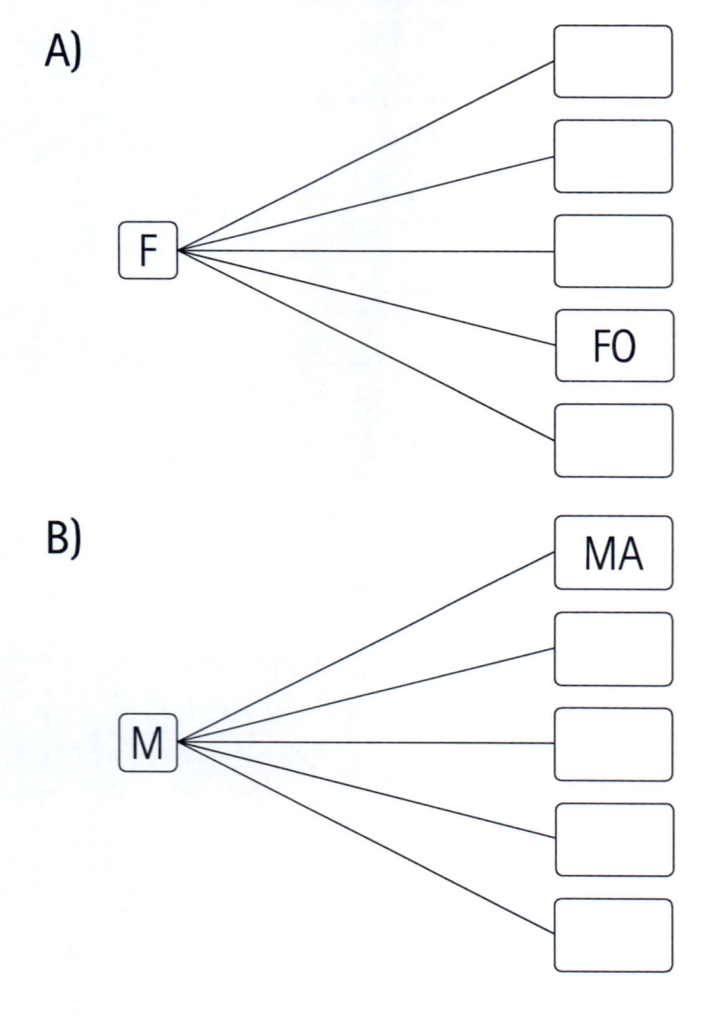

A)

F →
- [ ]
- [ ]
- [ ]
- FO
- [ ]

B)

M →
- MA
- [ ]
- [ ]
- [ ]
- [ ]

3 LEIA AS PALAVRAS A SEGUIR E ORGANIZE-AS PELAS SÍLABAS INICIAIS.

> FELINO — MILHO — MULA — FIGO — META
>
> MACACO — FUBÁ — FACA — MORANGO — FOCA

A) FA _____

B) FE _____

C) FI _____

D) FO _____

E) FU _____

F) MA _____

G) ME _____

H) MI _____

I) MO _____

J) MU _____

4 NO TEXTO *EU ME LEMBRO*, VOCÊ CONHECEU AS LEMBRANÇAS, OU SEJA, AS MEMÓRIAS DE UM PERSONAGEM.

A) PARA FALAR DAS MEMÓRIAS FORAM USADAS ALGUMAS EXPRESSÕES QUE INDICAM QUE OS FATOS OCORRERAM NO PASSADO. ASSINALE AS EXPRESSÕES QUE DÃO ESSA IDEIA.

- ☐ "NAQUELE DIA"

- ☐ "DAQUI A ALGUNS DIAS"

- ☐ "NO ANO PASSADO"

B) SOBRE O QUE SÃO AS MEMÓRIAS CONTADAS PELO PERSONAGEM?

_____

_____

_____

PRODUÇÃO DE TEXTO

RELATO DE MEMÓRIA

1 ELABORE UM TEXTO DE UMA LEMBRANÇA SUA. PARA ISSO SIGA ESTAS ETAPAS.

1ª) ESCOLHA O TEMA DE SUA LEMBRANÇA E CRIE UM TÍTULO PARA SEU TEXTO.

2ª) EM UMA FOLHA AVULSA, ESCREVA USANDO A PALAVRA **EU**, AFINAL A LEMBRANÇA É SUA. OUTROS PERSONAGENS PODEM FAZER PARTE DE SEU RELATO.

3ª) EMPREGUE PALAVRAS E EXPRESSÕES QUE INDIQUEM TEMPO PASSADO.

4ª) RELEIA O QUE ESCREVEU E VERIFIQUE SE EMPREGOU AS VOGAIS E CONSOANTES ADEQUADAMENTE.

5ª) CORRIJA O QUE FOR NECESSÁRIO E ESCREVA SEU TEXTO A SEGUIR.

_____

_____

_____

_____

_____

_____

_____

_____

_____

_____

_____

_____

 **TEXTO**

CONTO (TRECHO)

O TEXTO A SEGUIR CONTA A HISTÓRIA DO SUMIÇO DE UM DOCINHO. O QUE SERÁ QUE ACONTECEU? LEIA-O PARA SABER.

CADÊ O DOCINHO QUE ESTAVA AQUI?

VOVÓ JÁ ESTAVA SAINDO QUANDO SE LEMBROU DE AVISAR ÀS CRIANÇAS QUE TINHA DEIXADO UM DOCINHO NA MESA DA COZINHA.

NA MESMA HORA, ELAS PARARAM DE BRINCAR E FORAM CORRENDO PARA A COZINHA. SÓ QUE NÃO VIRAM NENHUM DOCINHO EM CIMA DA MESA.

CHAMARAM A VOVÓ. AÍ...

— CADÊ O DOCINHO QUE ESTAVA AQUI?

— O GATO COMEU!

SAIU TODO MUNDO CORRENDO ATRÁS DO GATO. MAS... DE QUE GATO? O GATO DE BOTAS? O GATO DA VIZINHA? JULINHO **GATINHO**! OU O **"GATO"** NAMORADO DA SOFIA?...

[...]

MARIA ANGELA RESENDE. *CADÊ O DOCINHO QUE ESTAVA AQUI?* SÃO PAULO: SARAIVA, 2011. P. 5-7.

GATINHO E "GATO": HOMEM BONITO, NA LINGUAGEM POPULAR.

1 RELEIA A SEGUIR TRECHOS DOS DOIS PRIMEIROS PARÁGRAFOS E PINTE OS QUADRINHOS DE ACORDO COM A LEGENDA.

🟥 O QUE A VOVÓ FEZ.   🟦 O QUE AS CRIANÇAS FIZERAM.

A) ☐ [...] ESTAVA SAINDO [...]

B) ☐ [...] FORAM CORRENDO PARA A COZINHA [...]

C) ☐ [...] LEMBROU-SE DE AVISAR [...]

D) ☐ [...] NÃO VIRAM NENHUM DOCINHO [...]

2 DESENHE OS GATOS QUE SÃO MENCIONADOS NO TEXTO.

A) GATO DE BOTAS

B) GATO DA VIZINHA

C) JULINHO GATINHO

D) "GATO" NAMORADO DA SOFIA

3 LIGUE AS FRASES DA COLUNA DA ESQUERDA AO QUE ELAS INDICAM, NA COLUNA DA DIREITA.

A)

EM CIMA DA MESA.

FRASE QUE INDICA TEMPO.

B)

NA MESMA HORA.

FRASE QUE INDICA LUGAR.

4 ESCREVA A PALAVRA QUE CADA ILUSTRAÇÃO REPRESENTA.

A)

B)

_____   _____

- QUAL É A DIFERENÇA ENTRE A PALAVRA **GATO** E AS OUTRAS QUE VOCÊ ESCREVEU NOS ITENS **A** E **B**?

_____

 LÍNGUA

SÍLABAS **GA** E **VO**

1 LEIA AS PALAVRAS E COMPLETE OS QUADRINHOS COM O QUE É PEDIDO.

ZARETSKA OLGA/
SHUTTERSTOCK.COM

G A T O

A) ☐ ☐ ☐ ☐ SÃO AS LETRAS DESSA PALAVRA.

B) ☐ É A QUANTIDADE DE LETRAS DA PALAVRA.

C) ☐ E ☐ SÃO AS CONSOANTES DA PALAVRA.

D) ☐ - ☐ É COMO SEPARAMOS A PALAVRA EM SÍLABAS.

VOVÓ

E) ☐ ☐ ☐ ☐ SÃO AS LETRAS DESSA PALAVRA.

F) ☐ É A QUANTIDADE DE LETRAS DA PALAVRA.

G) ☐ É A CONSOANTE DA PALAVRA.

H) ☐ – ☐ É COMO SEPARAMOS A PALAVRA EM SÍLABAS.

- QUAL DAS DUAS PALAVRAS É FORMADA POR VOGAIS E CONSOANTES REPETIDAS?

_____

2 RELEIA ESTES PARÁGRAFOS.

PARÁGRAFO 3: | CHAMARAM A VOVÓ. AÍ... |

PARÁGRAFO 4: | — CADÊ O DOCINHO QUE ESTAVA AQUI? |

PARÁGRAFO 5: | — O GATO COMEU! |

PARÁGRAFO 6: | SAIU TODO MUNDO CORRENDO ATRÁS DO GATO. |

A) PINTE COM SUA COR PREFERIDA OS PARÁGRAFOS QUE TÊM O SINAL TRAVESSÃO.

B) EM QUAL DESSES PARÁGRAFOS HÁ UMA PERGUNTA?

_____

C) EM QUAL PARÁGRAFO É DADA A RESPOSTA?

_____

AS FRASES QUE REPRESENTAM UMA CONVERSA ENTRE PERSONAGENS FORMAM UM **DIÁLOGO**.

D) CIRCULE, NOS PARÁGRAFOS 4 E 5, O QUE APARECE DEPOIS DAS PALAVRAS **AQUI** E **COMEU**.

E) E DEPOIS DA PALAVRA **GATO**, O QUE APARECE? CIRCULE NO PARÁGRAFO 6.

O SINAL **?** CHAMA-SE **PONTO DE INTERROGAÇÃO**. ELE É USADO EM FRASES INTERROGATIVAS.

O SINAL **!** CHAMA-SE **PONTO DE EXCLAMAÇÃO** E É USADO NAS FRASES PARA EXPRESSAR ADMIRAÇÃO OU ESPANTO.

O SINAL **.** CHAMA-SE **PONTO FINAL** E É USADO NO FINAL DE FRASES QUE NÃO INDICAM PERGUNTA NEM ADMIRAÇÃO.

 **PRODUÇÃO DE TEXTO**

CONTO

1 AGORA VOCÊ VAI REESCREVER UM TRECHO DO CONTO *CADÊ O DOCINHO QUE ESTAVA AQUI?*. SIGA AS ETAPAS.

1ª) LEIA AS PALAVRAS DO QUADRO A SEGUIR.

AS CRIANÇAS

ALGUM — DIZER — E — IA

ENCONTRARAM — LÁ — MAS

UMA DAS CRIANÇAS RESPONDEU

VENHA CÁ!

2ª) LEIA O TRECHO NA PÁGINA 53 E OBSERVE OS ESPAÇOS.

TÍTULO: _____

VOVÓ _____ SAINDO _____ SE LEMBROU DE _____ AOS NETOS QUE TINHA DEIXADO UM DOCINHO NA MESA DA COZINHA.

IMEDIATAMENTE, _____ _____ PARARAM DE BRINCAR E CORRERAM PARA _____.

_____ NÃO _____ DOCINHO _____ EM CIMA DA MESA.

— VOVÓ, _____ _____ — DISSERAM E APONTARAM A MESA. AÍ...

— CADÊ O DOCINHO QUE ESTAVA AQUI? — ELA PERGUNTOU.

— O GATO COMEU! — _____ _____

_____ _____.

SAÍRAM TODOS ATRÁS DO GATO. MAS... DE QUE GATO? O GATO DE BOTAS? O GATO DA VIZINHA? JULINHO GATINHO? OU O "GATO" NAMORADO DA SOFIA?

3ª) ESCOLHA AS PALAVRAS DO QUADRO PARA PREENCHER CORRETAMENTE CADA ESPAÇO.

VOCÊ CONHECE A HISTÓRIA, ENTÃO JÁ SABE O SENTIDO DELA.

4ª) VERIFIQUE SE AS PALAVRAS ESCOLHIDAS FAZEM SENTIDO NO TEXTO QUE VOCÊ ESTÁ FORMANDO E COMECE A ESCREVÊ-LAS NOS ESPAÇOS.

5ª) DURANTE A ESCRITA, OBSERVE A GRAFIA DAS PALAVRAS QUE COPIA DO QUADRO. LEMBRE-SE DE OBSERVAR SE VOCÊ:

- USOU VOGAIS;
- COLOCOU ACENTO AGUDO.

6ª) CRIE UM TÍTULO PARA O TEXTO SEM USAR A PALAVRA **DOCINHO**.

7ª) RELEIA O TEXTO E CORRIJA O QUE FOR NECESSÁRIO.

 **TEXTO**

 ## POEMAS

OS POEMAS QUE VOCÊ LERÁ A SEGUIR ESTÃO NO LIVRO *BICHIONÁRIO*. ELES FALAM SOBRE TRÊS ANIMAIS. QUAIS SERÃO ELES? SERÁ QUE VOCÊ OS CONHECE?

HIPOPÓTAMO

O HIPOPÓTAMO POETA
CONFESSOU À BORBOLETA:
POIS É, TE AMO...

QUATI

QUATI POR AQUI
QUASE NÃO SE VÊ.
AMIGO QUATI,
ONDE ESTÁ VOCÊ?

NÍLSON JOSÉ MACHADO. *BICHIONÁRIO*. SÃO PAULO: ESCRITURAS EDITORA, 2010.

CONFESSAR: CONTAR ALGO EM SEGREDO.

1 EM QUAL DOS POEMAS É FEITA UMA PERGUNTA? ASSINALE A ALTERNATIVA CORRETA.

A) ☐ HÁ UMA PERGUNTA NO PRIMEIRO POEMA.

B) ☐ HÁ UMA PERGUNTA NO SEGUNDO POEMA.

- O QUE VOCÊ OBSERVOU NESSE POEMA PARA IDENTIFICAR A PERGUNTA?

_____

_____

2 PARA QUEM O HIPOPÓTAMO CONFESSOU SEU AMOR? PINTE A RESPOSTA.

3 CIRCULE O SINAL DE PONTUAÇÃO QUE VEM DEPOIS DA PALAVRA "BORBOLETA" NO POEMA.

!   ?   :

> O SINAL **:** É CHAMADO **DOIS-PONTOS**. ELE É USADO ANTES DA FALA DE UM PERSONAGEM.

4 OS POEMAS QUE VOCÊ LEU ESTÃO EM UM LIVRO. OBSERVE A CAPA E COMPLETE O TÍTULO DESSE LIVRO NOS QUADRINHOS.

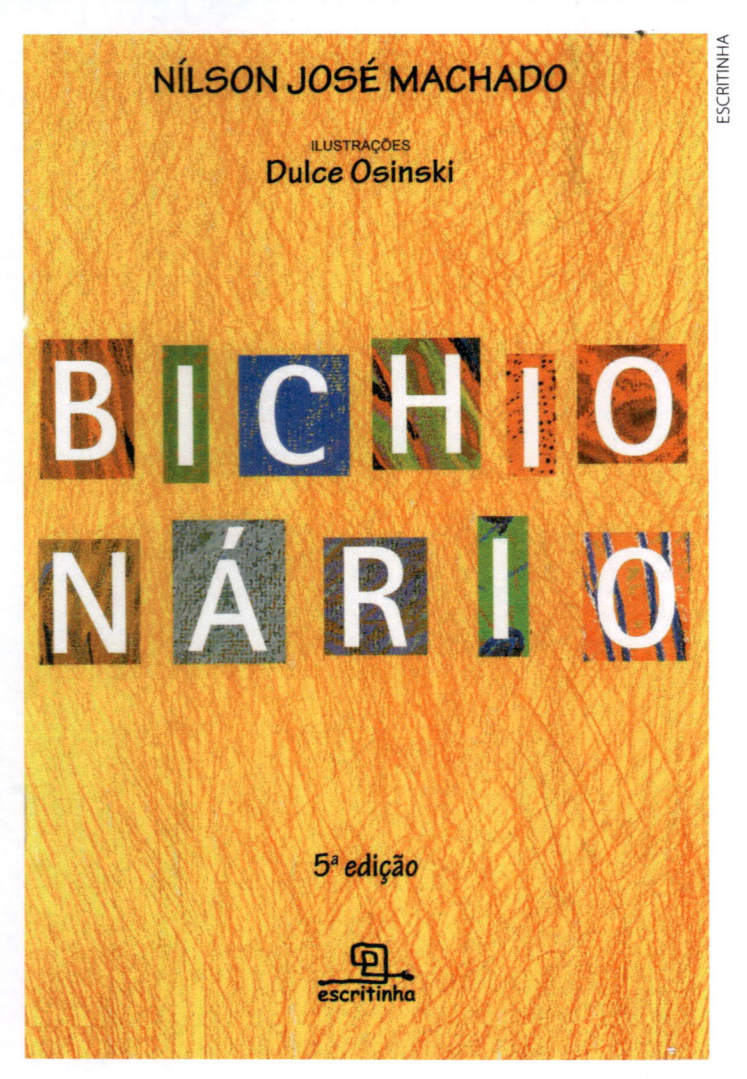

B					O			R	

O **DICIONÁRIO** É UM LIVRO QUE APRESENTA PALAVRAS EM ORDEM ALFABÉTICA E O SIGNIFICADO DE CADA UMA DELAS. NO LIVRO *BICHIONÁRIO*, O AUTOR FEZ UM TIPO DIFERENTE DE DICIONÁRIO. ELE USOU AS LETRAS DO ALFABETO, EM ORDEM, PARA FAZER POEMAS SOBRE DIFERENTES ANIMAIS, COMO O HIPOPÓTAMO, O QUATI, O JABUTI, O SAPO, ENTRE OUTROS.

 **LÍNGUA**

 **LETRA H**

1 OBSERVE AS LETRAS DAS PALAVRAS A SEGUIR.

DICIONÁRIO   BICHIONÁRIO

A) PINTE DA MESMA COR A PARTE IGUAL DAS DUAS PALAVRAS.

B) COMPLETE A FRASE:

- NAS PALAVRAS **DICIONÁRIO** E **BICHIONÁRIO**, AS PARTES _____ E _____ SÃO DIFERENTES.

2 OBSERVE A LETRA DESTACADA NAS PALAVRAS A SEGUIR.

BIC**H**IONÁRIO

HIPOPÓTAMO

- CIRCULE DE VERDE A PALAVRA QUE COMEÇA COM A LETRA **H**. EM SEGUIDA, CIRCULE DE AZUL A PALAVRA EM QUE O **H** VEM DEPOIS DE OUTRA CONSOANTE.

3 PROCURE, EM FOLHETOS, REVISTAS E JORNAIS, PALAVRAS COM A LETRA **H**.

- RECORTE QUATRO PALAVRAS COM A LETRA **H** NO INÍCIO E QUATRO COM A LETRA **H** DEPOIS DE CONSOANTE. EM SEGUIDA, COLE-AS NOS ESPAÇOS A SEGUIR.

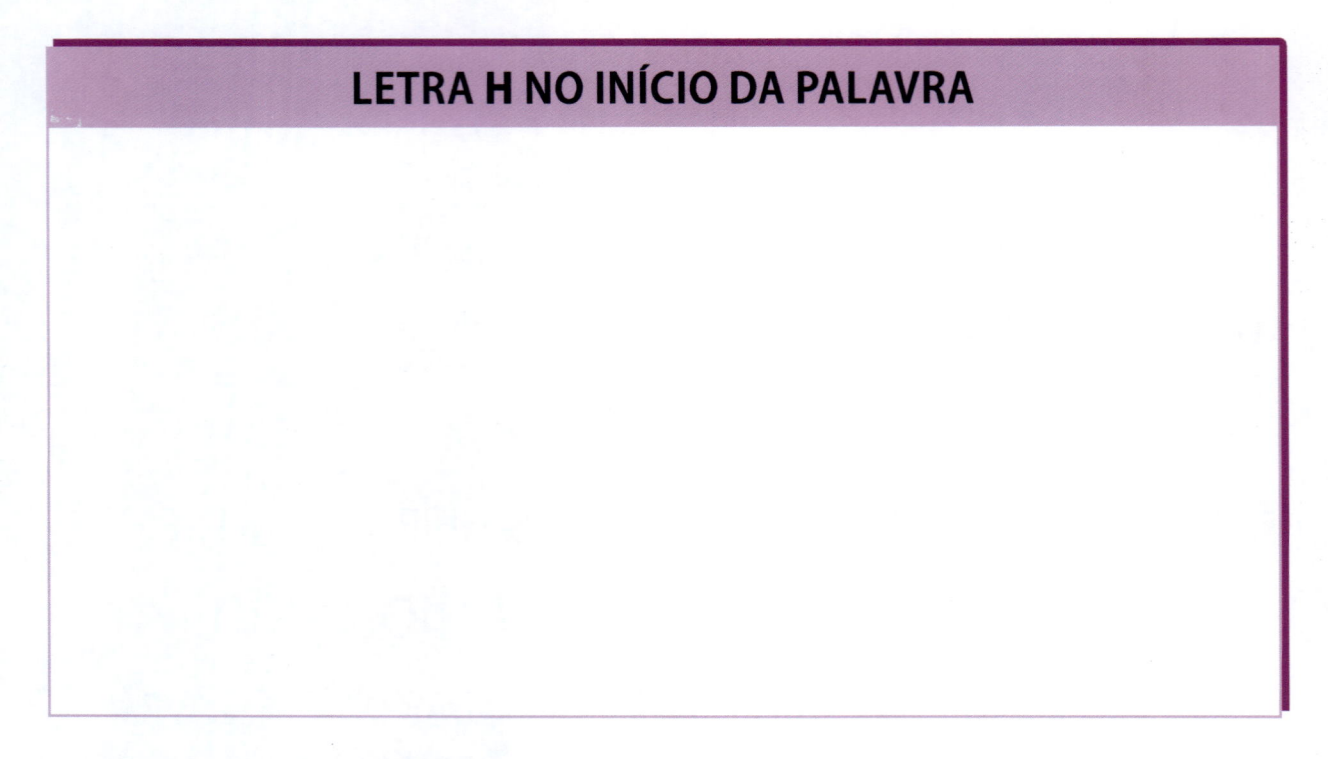

LETRA H NO INÍCIO DA PALAVRA

LETRA H DEPOIS DE CONSOANTE

POEMA

1 VOCÊ VAI RECRIAR OS DOIS POEMAS APRESENTADOS NO INÍCIO DESTE CAPÍTULO. RELEIA-OS.

HIPOPÓTAMO

O HIPOPÓTAMO POETA
CONFESSOU À BORBOLETA:
POIS É, TE AMO...

QUATI

QUATI POR AQUI
QUASE NÃO SE VÊ.
AMIGO QUATI,
ONDE ESTÁ VOCÊ?

2 AGORA SIGA AS ETAPAS PARA REESCREVER CADA POEMA.

1ª) ANTES DE ESCREVER SEUS TEXTOS, PENSE:

- EM OUTRO TÍTULO PARA O POEMA "HIPOPÓTAMO".

- EM UM NOME PARA O HIPOPÓTAMO E OUTRO PARA A BORBOLETA. ESSES NOMES DEVEM COMEÇAR COM A LETRA **H**.

- NO QUE A BORBOLETA PODERIA TER RESPONDIDO AO HIPOPÓTAMO.

- EM OUTRO TÍTULO PARA O POEMA "QUATI".

- EM UMA RESPOSTA DO QUATI À PERGUNTA DO VERSO "ONDE ESTÁ VOCÊ?".

2ª) FAÇA UM RASCUNHO EM SEU CADERNO.

3ª) RELEIA O RASCUNHO E FAÇA AS ALTERAÇÕES NECESSÁRIAS.

4ª) PASSE A LIMPO OS TEXTOS NOS ESPAÇOS A SEGUIR E FAÇA UM DESENHO PARA CADA POEMA.

TÍTULO: _____

_____,

O HIPOPÓTAMO POETA,

CONFESSOU À BORBOLETA _____

_____

POIS É, TE AMO...

_____

TÍTULO: _____

QUATI POR AQUI

QUASE NÃO SE VÊ.

AMIGO QUATI,

ONDE ESTÁ VOCÊ?

_____

 **TEXTO**

 **POEMA**

LEIA O TEXTO PARA DESCOBRIR O QUE PODE ACONTECER QUANDO UM COELHO E UMA TARTARUGA SE ENCONTRAM.

É DOCE MESMO?

O COELHO DA PÁSCOA
É MANSINHO...

MAS QUANDO A TARTARUGA
VEM PROVOCAR,
BERRA, APONTANDO
O **ESTILINGUE**:
— NO MEU RABO
NINGUÉM VAI PISAR!

RENATA BUENO. *É DOCE MESMO?* SÃO PAULO: EDITORA DO BRASIL, 2015. P. 10-11.

ESTILINGUE: INSTRUMENTO FEITO COM UMA TIRA DE ELÁSTICO E UM PEDAÇO DE MADEIRA OU DE PLÁSTICO NA FORMA DA LETRA **Y**, USADO PARA ATIRAR PEQUENOS OBJETOS AO LONGE.

1 LEIA AS OPÇÕES E MARQUE A QUE INDICA QUAIS SÃO OS PERSONAGENS DO TEXTO.

A) ☐ O COELHO E O JACARÉ.

B) ☐ O JACARÉ E A TARTARUGA.

C) ☐ O COELHO E A TARTARUGA.

2 RESOLVA O ENIGMA A SEGUIR E REESCREVA A FRASE.

O É MANSINHO, MAS BERRA QUANDO A

VEM PROVOCÁ-LO.

_____

_____

_____

3 RELEIA O TÍTULO DO TEXTO E DEPOIS FAÇA O QUE SE PEDE.

É DOCE MESMO?

A) MARQUE O QUE A PALAVRA "DOCE" INDICA NO TEXTO.

• ☐ ALIMENTO PREPARADO COM AÇÚCAR.

• ☐ MEIGO, CARINHOSO, TRANQUILO.

B) NO TEXTO, QUE OUTRA PALAVRA TEM O MESMO SENTIDO DA PALAVRA "DOCE"?

_____

C) A PALAVRA "DOCE" ESTÁ RELACIONADA A QUAL PERSONAGEM DO TEXTO?

_____

4 MARQUE COM UM **X** O QUADRO QUE APRESENTA OS SINAIS DE PONTUAÇÃO USADOS NOS TRÊS ÚLTIMOS VERSOS DO POEMA.

A) ☐ **?** PONTO DE INTERROGAÇÃO E — TRAVESSÃO

B) ☐ **:** DOIS-PONTOS, — TRAVESSÃO E **!** PONTO DE EXCLAMAÇÃO

C) ☐ — TRAVESSÃO E **?** PONTO DE INTERROGAÇÃO

 **LÍNGUA**

SÍLABAS CO E TA

1 LEIA AS PALAVRAS E LIGUE CADA UMA DELAS À FIGURA CORRESPONDENTE.

A) **CO**ELHO

B) **TAR**TA**RUGA**

2 USE A SÍLABA EM DESTAQUE DAS PALAVRAS A SEGUIR PARA FORMAR AS PALAVRAS QUE DÃO NOME A CADA ILUSTRAÇÃO. VEJA O EXEMPLO.

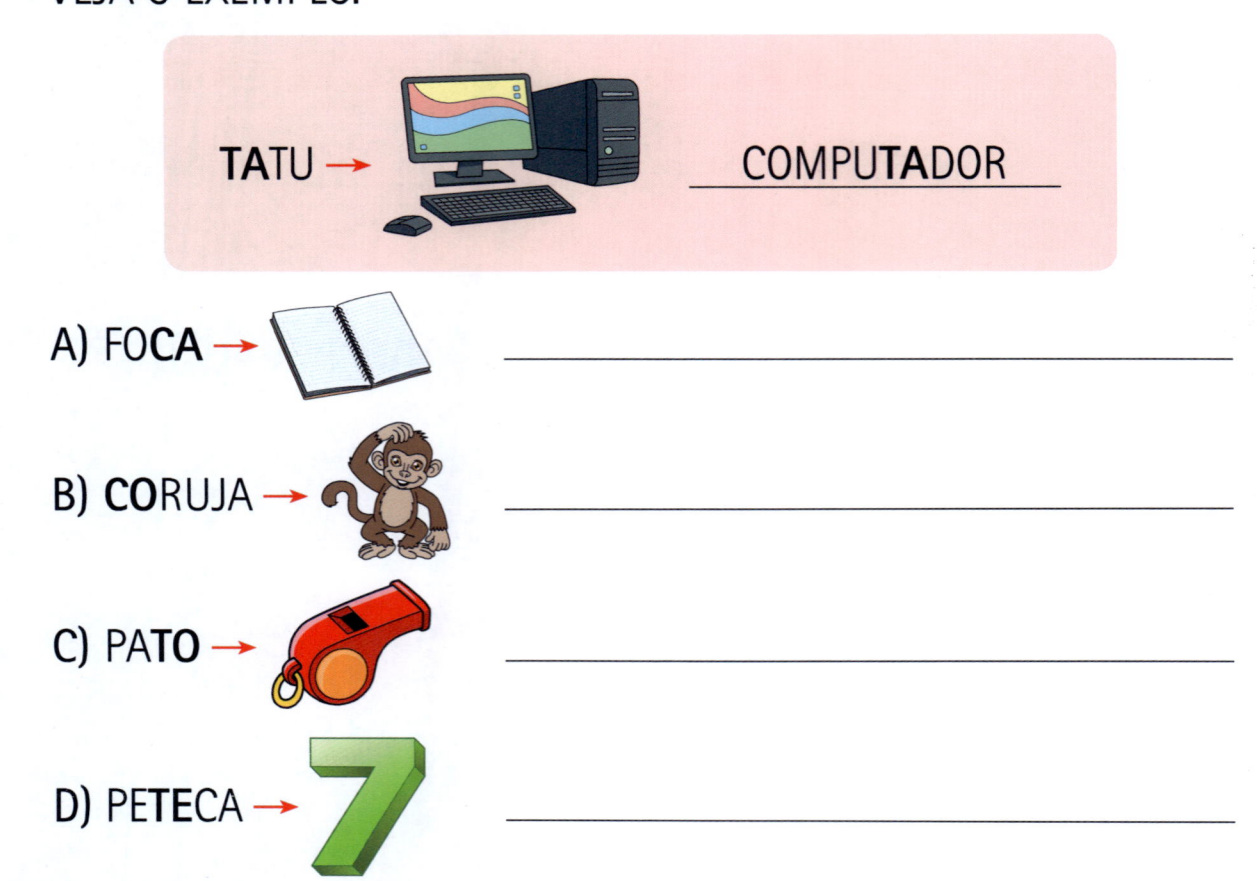

TATU → _____ COMPU**TA**DOR _____

A) FO**CA** → _____

B) **CO**RUJA → _____

C) PA**TO** → _____

D) PE**TE**CA → _____

3 RECORTE, DE REVISTAS, FOLHETOS OU JORNAIS, DUAS PALAVRAS QUE COMECEM COM AS SÍLABAS INDICADAS NOS QUADROS A SEGUIR E COLE-AS NOS ESPAÇOS ADEQUADOS.

CA	CO	CU

TA	TE	TI

TO	TU

DIÁLOGO

1 COMPLETE O DIÁLOGO COM UMA RESPOSTA DA TARTARUGA PARA O COELHO.

— NO MEU RABO NINGUÉM VAI PISAR!

- AGORA TRANSCREVA O DIÁLOGO DOS BALÕES.

_____

_____

_____

_____

2 DEPOIS QUE TIVER ESCRITO, VERIFIQUE SE VOCÊ:

- USOU VOGAL EM TODAS AS PALAVRAS;
- COLOCOU TIL NA VOGAL DAS PALAVRAS EM QUE ELE DEVE SER USADO;
- USOU O SINAL DE PONTUAÇÃO NAS FALAS, AO TRANSCREVER O DIÁLOGO DOS BALÕES PARA AS LINHAS.

 TEXTO

VERBETE DE ENCICLOPÉDIA

VOCÊ LERÁ UM TEXTO QUE TRAZ ALGUMAS INFORMAÇÕES. VAMOS DESCOBRIR QUAIS SÃO ELAS.

ONDE ANJOS, PALHAÇOS E PAPAGAIOS VIVEM?

O PEIXE-ANJO, O PEIXE-PALHAÇO E O PEIXE-PAPAGAIO SÃO ALGUMAS DAS MILHARES DE BELAS **ESPÉCIES** QUE VIVEM EM **RECIFES** DE **CORAL**. [...]

LEVENT KONUK/ SHUTTERSTOCK.COM

VOCÊ SABIA...

... QUE ALGUNS PEIXES-PAPAGAIO SE COBREM DE **MUCO** DURANTE A NOITE? COM ESTES PIJAMAS GRUDENTOS, FICA MAIS DIFÍCIL PARA OS **PREDADORES** ENCONTRÁ-LOS.

SERG_DIBROVA/ DREAMSTIME.COM

RAY BRYANT E JO CONNOR. *O LIVRO DO... ONDE?* TRADUÇÃO DE RODRIGO POPOTIC. BARUERI: GIRASSOL, 2011. P. 9.

SSERG_DIBROVA/ ISTOCKPHOTO.COM

CORAL: ANIMAL MARINHO QUE AJUDA A FORMAR OS RECIFES.
ESPÉCIE: GRUPO DE ANIMAIS COM CARACTERÍSTICAS PARECIDAS, QUE PODEM SER PASSADAS DE PAIS PARA FILHOS.
MUCO: SUBSTÂNCIA VISCOSA PRODUZIDA EM ANIMAIS.
PREDADOR: ANIMAL QUE SE ALIMENTA DE OUTROS ANIMAIS.
RECIFE: ROCHA QUE FICA SOB AS ÁGUAS DO MAR.

1 OBSERVE COMO ESTÁ ORGANIZADO O TEXTO QUE VOCÊ ACABOU DE LER. DEPOIS, MARQUE UM **X** NA ALTERNATIVA QUE EXPLICA DE FORMA CORRETA A ORGANIZAÇÃO DO TEXTO.

A) ☐

> **TÍTULO:** ONDE ANJOS, PALHAÇOS E PAPAGAIOS VIVEM?
>
> **PARÁGRAFO:** APRESENTA AS PALAVRAS "MILHARES", "ESPÉCIES" E "CORAL", POR EXEMPLO.
>
> **VOCÊ SABIA...:** APRESENTA UMA PERGUNTA E UMA RESPOSTA SOBRE UMA ESPÉCIE DE PEIXE.

B) ☐

> **TÍTULO:** VOCÊ SABIA?
>
> **PARÁGRAFO:** APRESENTA UMA PERGUNTA E UMA RESPOSTA.
>
> **VOCÊ SABIA...:** APRESENTA AS PALAVRAS "MILHARES", "ESPÉCIES" E "CORAL", POR EXEMPLO.

2 MARQUE UM **X** NA AFIRMAÇÃO CORRETA SOBRE O TÍTULO DO TEXTO.

A) ☐ MESMO SEM A PALAVRA PEIXE NO TÍTULO, O TEXTO FORNECE INFORMAÇÕES SOBRE ALGUNS PEIXES.

B) ☐ O TÍTULO RESUME O ASSUNTO DO TEXTO: UM CIRCO ONDE VIVEM ANJOS, PALHAÇOS E PAPAGAIOS.

3 COMPLETE O TEXTO COM AS PALAVRAS DO QUADRO.

> AQUÁTICOS   —   ÁGUA   —   PEIXE

- NO PRIMEIRO PARÁGRAFO, A PALAVRA _____ INDICA QUE O TEXTO TRATA DE ANIMAIS _____, ISTO É, QUE VIVEM NA _____.

4 LEIA A SEGUIR MAIS INFORMAÇÕES SOBRE UM DOS PEIXES APRESENTADOS NO TEXTO.

> RECEBE ESTE NOME POR SUA MANEIRA DESENGONÇADA DE NADAR. APESAR DE PEQUENO, ELE CHAMA A ATENÇÃO POR SUAS CORES VIVAS E BRILHANTES: LARANJA COM TIRAS BRANCAS.

- AGORA LIGUE OS PONTOS PARA DESCOBRIR QUAL É O PEIXE E PINTE-O.

KAZAKOVA MARYIA/SHUTTERSTOCK.COM

5 EM CADA ITEM, ASSINALE A ALTERNATIVA CORRETA.

A) QUAL PEIXE SE COBRE DE MUCO?

- ☐ PEIXE-PALHAÇO.
- ☐ PEIXE-PAPAGAIO.
- ☐ PEIXE-ANJO.

B) POR QUE ESSE PEIXE COBRE SEU CORPO COM MUCO?

- ☐ PARA ENGANAR SEUS PREDADORES.

- ☐ PARA ATRAIR OUTROS ANIMAIS.

 **LÍNGUA**

 **LETRAS J E X**

1 LEIA A PALAVRA:

PEIXE-ANJO

A PALAVRA **PEIXE-ANJO** É COMPOSTA DE DUAS PALAVRAS: **PEIXE** E **ANJO**. ELAS SÃO SEPARADAS PELO HÍFEN (-).

- OBSERVE AS IMAGENS E LEIA AS PALAVRAS. DEPOIS PINTE AS ILUSTRAÇÕES QUE REPRESENTAM AS PALAVRAS FORMADAS POR DUAS PALAVRAS E HÍFEN.

A) BEIJA-FLOR

C) FLOR

B) CHUVA

D) CANECA

E) GUARDA-CHUVA

F) CRIADO-MUDO

2 OBSERVE AS IMAGENS E LEIA AS PALAVRAS QUE AS ACOMPANHAM. CIRCULE AS PALAVRAS COM AS CONSOANTES **J** E **X**.

A)

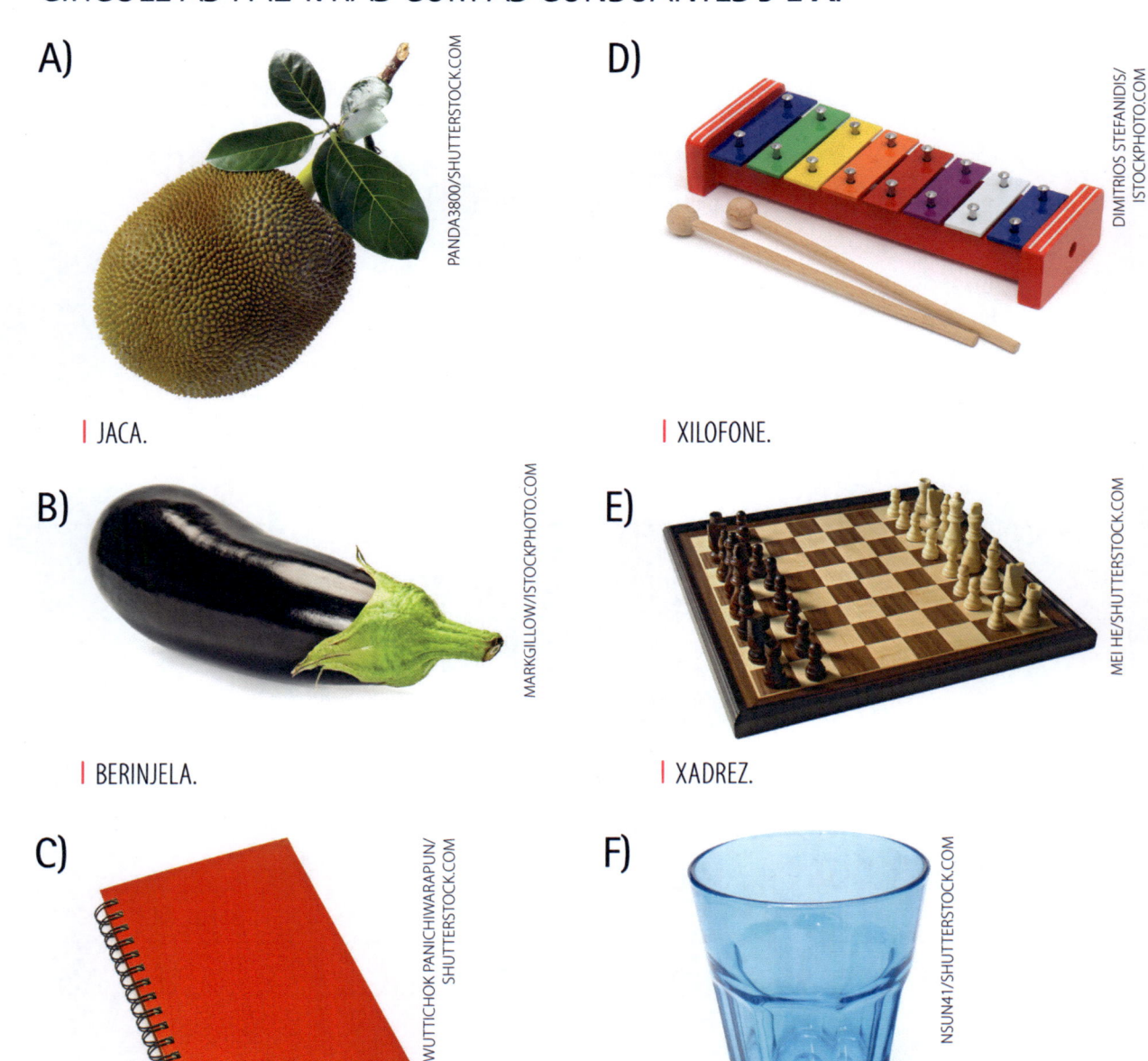

PANDA3800/SHUTTERSTOCK.COM

| JACA.

D)

DIMITRIOS STEFANIDIS/ISTOCKPHOTO.COM

| XILOFONE.

B)

MARKGILLOW/ISTOCKPHOTO.COM

| BERINJELA.

E)

MEI HE/SHUTTERSTOCK.COM

| XADREZ.

C)

WUTTICHOK PANICHIWARAPUN/SHUTTERSTOCK.COM

| CADERNO.

F)

NSUN41/SHUTTERSTOCK.COM

| COPO.

PRODUÇÃO DE TEXTO

VERBETE DE ENCICLOPÉDIA

1 VOCÊ LEU UM TEXTO QUE FORNECE INFORMAÇÕES. VAMOS REESCREVER A PARTE **VOCÊ SABIA...** SIGA AS ORIENTAÇÕES.

1ª) COLOQUE PONTO DE INTERROGAÇÃO APÓS O TÍTULO DESSA PARTE.

2ª) COMPLETE OS ESPAÇOS DO PARÁGRAFO USANDO AS PALAVRAS E EXPRESSÕES DO QUADRO A SEGUIR.

> ELES COBREM O CORPO COM MUCO.
>
> DO PEIXE-PAPAGAIO
>
> E O PREDADOR

3ª) SIGA UMA SEQUÊNCIA QUE FAÇA SENTIDO, ISTO É, QUE FORNEÇA INFORMAÇÕES. VÁ FORMANDO O TEXTO.

4ª) LEIA AS PALAVRAS ANTES DE ESCREVÊ-LAS. OBSERVE QUAIS SÃO AS VOGAIS E QUAIS SÃO AS CONSOANTES.

5ª) COLOQUE PONTO FINAL DEPOIS DAS PALAVRAS "PREDADORES" E "MUCO".

VOCÊ SABIA_____

ALGUNS PEIXES-PAPAGAIO CONSEGUEM ENGANAR OS PREDADORES. À NOITE _____

_____

ESTE PIJAMA GRUDENTO TORNA DIFÍCIL A VISUALIZAÇÃO

_____, POIS

PARTÍCULAS QUE ESTÃO NA ÁGUA GRUDAM EM SEU CORPO,

_____

TEM DIFICULDADE PARA IDENTIFICÁ-LO.

 TEXTO

TRAVA-LÍNGUA

O TEXTO QUE VOCÊ VAI LER BRINCA COM AS LETRAS, POR ISSO FIQUE ATENTO!

ABC DO TRAVA-LÍNGUA

K
A KIKA CAIU **QUICANDO**
KAKITO CAIU DE RIR
COITADA DA KIKA CAÍDA
KAKITO CORREU DALI
[...]

W

WANDA NAVEGA NA **WEB**
WEBER NAVEGA NO MAR
WANDA VAI E WEBER VEM
VIVEM SEMPRE A NAVEGAR
[...]

Y

YASMIN NO SEU JARDIM
CULTIVA JASMIM CARMIM
QUE PENA QUE YASMIN
NÃO TEM OLHOS PARA MIM

ROSINHA. *ABC DO TRAVA-LÍNGUA*. SÃO PAULO: EDITORA DO BRASIL, 2012. P. 15, 26 E 28.

QUICAR: BATER NO CHÃO.
WEB: PALAVRA INGLESA QUE SIGNIFICA "TEIA" OU "REDE".
É TAMBÉM UTILIZADA PARA NOMEAR A REDE QUE CONECTA
COMPUTADORES POR TODO O MUNDO, A INTERNET.

1 PINTE A FIGURA QUE MOSTRA O QUE ACONTECEU COM OS PERSONAGENS.

A) KAKITO

B) WANDA

2 NO TRAVA-LÍNGUA, A PALAVRA **NAVEGAR** TEM DOIS SENTIDOS DIFERENTES. LIGUE-OS CORRETAMENTE.

A) NAVEGAR NA *WEB*   VIAJAR SOBRE A ÁGUA.

B) NAVEGAR NO MAR   PERCORRER AS PÁGINAS DA INTERNET.

3 O QUE YASMIM GOSTA DE FAZER? MARQUE A RESPOSTA CORRETA.

A) ☐ ESTUDAR.   B) ☐ CULTIVAR FLORES.   C) ☐ NADAR.

4 COPIE DO TRAVA-LÍNGUA PALAVRAS QUE RIMAM COM YASMIM.

_____   _____   _____

LÍNGUA

LETRAS K, W E Y

1 LIGUE A LETRA AO NOME OU APELIDO DOS PERSONAGENS DO TRAVA-LÍNGUA.

A) K

B) W

C) Y

KAKITO

WEBER

KIKA

YASMIN

WANDA

2 PESQUISE, EM FOLHETOS, JORNAIS E REVISTAS, OUTRAS PALAVRAS QUE TENHAM AS LETRAS **K**, **W** E **Y** E COLE-AS NOS QUADROS.

K

W

Y

TRAVA-LÍNGUA

1 COMPLETE O TRAVA-LÍNGUA SEGUINDO ESTAS ETAPAS.

1ª) VOCÊ DEVE USAR AS LETRAS **T**, **P** E **R**. ATENÇÃO PORQUE ELAS VÃO SE REPETIR.

2ª) OBSERVE OS ESPAÇOS E VEJA QUAIS LETRAS VOCÊ DEVE ESCREVER EM CADA UM DELES.

3ª) TENHA CERTEZA DE QUE ENTENDEU AS FRASES.

4ª) ESCREVA AS LETRAS E LEIA AS PALAVRAS FORMADAS.

5ª) LEIA AS FRASES VÁRIAS VEZES TENTANDO PRONUNCIÁ-LAS CADA VEZ MAIS RÁPIDO, MAIS DEPRESSA...

_____ÊS TIG_____ES _____ISTES PARA _____ÊS

_____ATOS DE _____IGO.

_____ÊS _____ATOS DE _____IGO PARA _____ÊS

TIG_____ES _____ISTES.

2 AGORA FAÇA UM DESENHO PARA ILUSTRAR O TRAVA-LÍNGUA.

TEXTO

POEMA

VOCÊ LERÁ UM POEMA QUE TRATA DE ALGUNS FATOS QUE ACONTECEM EM DETERMINADA HORA DO DIA.

MEIO-DIA

MEIO-DIA. SOL **A PINO**.
CORRE DE MANSO O **REGATO**.
NA IGREJA **REPICA** O SINO;
CHEIRAM AS ERVAS DO MATO.

NA ÁRVORE CANTA A CIGARRA;
HÁ RECREIO NAS ESCOLAS:
TIRA-SE, NUMA ALGAZARRA,
A MERENDA DAS SACOLAS.

O **LAVRADOR** POUSA A ENXADA
NO CHÃO, DESCANSA UM MOMENTO,
E ENXUGA A FRONTE SUADA,
CONTEMPLANDO O **FIRMAMENTO**.

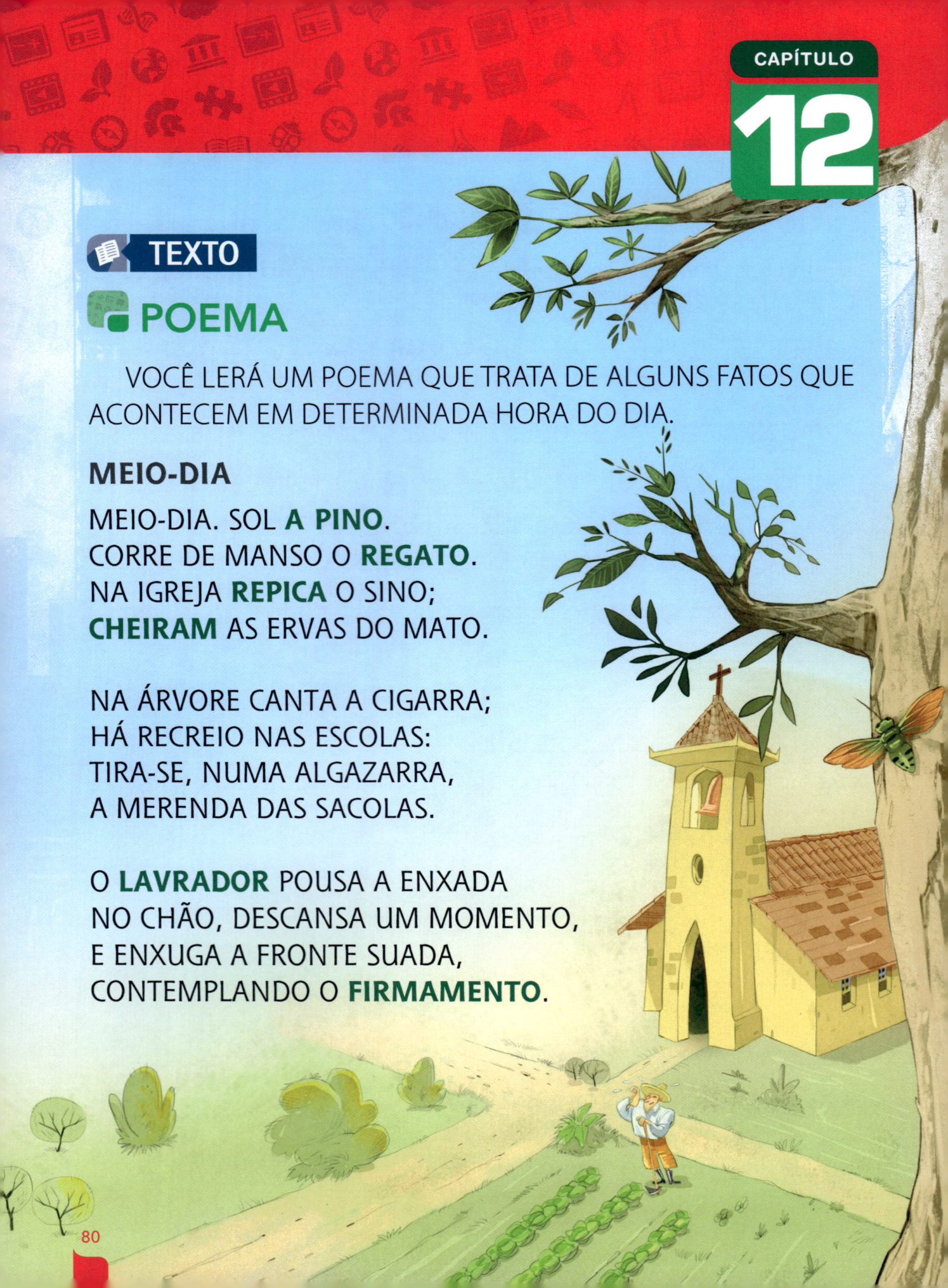

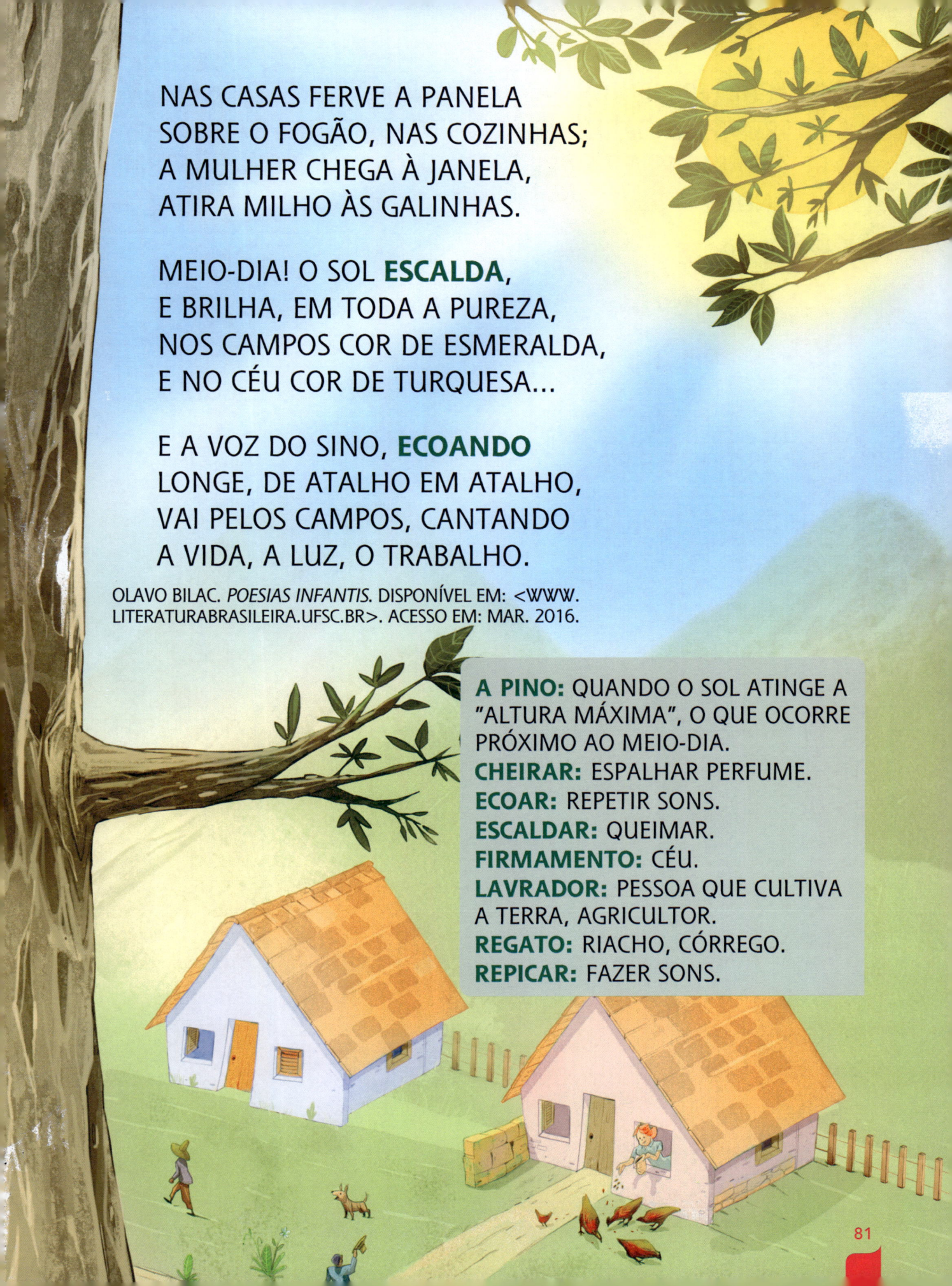

NAS CASAS FERVE A PANELA
SOBRE O FOGÃO, NAS COZINHAS;
A MULHER CHEGA À JANELA,
ATIRA MILHO ÀS GALINHAS.

MEIO-DIA! O SOL **ESCALDA**,
E BRILHA, EM TODA A PUREZA,
NOS CAMPOS COR DE ESMERALDA,
E NO CÉU COR DE TURQUESA...

E A VOZ DO SINO, **ECOANDO**
LONGE, DE ATALHO EM ATALHO,
VAI PELOS CAMPOS, CANTANDO
A VIDA, A LUZ, O TRABALHO.

OLAVO BILAC. *POESIAS INFANTIS*. DISPONÍVEL EM: <WWW.LITERATURABRASILEIRA.UFSC.BR>. ACESSO EM: MAR. 2016.

A PINO: QUANDO O SOL ATINGE A "ALTURA MÁXIMA", O QUE OCORRE PRÓXIMO AO MEIO-DIA.
CHEIRAR: ESPALHAR PERFUME.
ECOAR: REPETIR SONS.
ESCALDAR: QUEIMAR.
FIRMAMENTO: CÉU.
LAVRADOR: PESSOA QUE CULTIVA A TERRA, AGRICULTOR.
REGATO: RIACHO, CÓRREGO.
REPICAR: FAZER SONS.

1 OS ACONTECIMENTOS NARRADOS NO POEMA SE PASSAM EM DIFERENTES LUGARES. RELACIONE CADA ESTROFE AO LOCAL RETRATADO NELA. PARA ISSO, PINTE OS QUADROS CONFORME AS LEGENDAS.

ESTROFE 1

ESTROFE 2

ESTROFE 3

ESTROFE 4

ESTROFES 5 E 6

CAMPOS

CASAS

ESCOLAS

IGREJA

2 LIGUE AS PALAVRAS QUE RIMAM. OBSERVE O EXEMPLO.

A) SINO   PANELA

B) REGATO   ESCOLAS

C) ALGAZARRA   FIRMAMENTO

D) SACOLAS   PINO

E) SUADA   COZINHAS

F) MOMENTO   ENXADA

G) JANELA   MATO

H) GALINHAS   ESCALDA

I) ESMERALDA   CIGARRA

3 RELEIA A ESTROFE 2 DO POEMA E RESPONDA.

A) QUAIS SÃO OS PERSONAGENS DESSA ESTROFE?

_____

B) LEIA AS FRASES E MARQUE A CORRETA.

- ☐ AS CRIANÇAS CONTAM O QUE ACONTECE.
- ☐ O QUE ACONTECE NÃO É CONTADO PELOS PERSONAGENS.

4 NA ESTROFE 3, POR QUE FOI USADA A PALAVRA "FIRMAMENTO", E NÃO A PALAVRA "CÉU"? MARQUE UM **X** NA ALTERNATIVA CORRETA.

A) ☐ A PALAVRA "FIRMAMENTO" FOI USADA PORQUE ELA RIMA COM A PALAVRA "MOMENTO", QUE ESTÁ NO FINAL DO SEGUNDO VERSO DA ESTROFE.

B) ☐ A PALAVRA "CÉU" NÃO DARIA O MESMO SENTIDO AO VERSO.

LÍNGUA

LETRAS ES E EN

1 LEIA AS PALAVRAS A SEGUIR E OBSERVE AS LETRAS QUE ESTÃO DESTACADAS EM CADA SÍLABA. AS VOGAIS ESTÃO EM AZUL, E AS CONSOANTES ESTÃO EM VERDE.

ESCOLA   ESCOLA
MERENDA   MERENDA

HÁ SÍLABAS FORMADAS POR VOGAL SEGUIDA DE CONSOANTE, COMO NA PALAVRA "ESCOLA", E SÍLABAS FORMADAS POR CONSOANTE SEGUIDA DE VOGAL E OUTRA CONSOANTE, COMO NA PALAVRA "MERENDA".

2 LEIA AS PALAVRAS E ENCONTRE-AS NO DIAGRAMA.

A) ESCADA

RICHARD PETERSON/SHUTTERSTOCK.COM

D) AMENDOIM

MAKS NARODENKO/SHUTTERSTOCK.COM

B) BARCO

VERESHCHAGIN DMITRY/SHUTTERSTOCK.COM

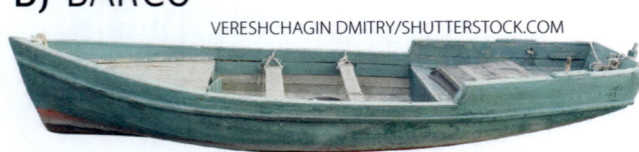

E) GIZ

ALEX KOSEV/SHUTTERSTOCK.COM

C) ONÇA

VOLODYMYR KRASYUK/SHUTTERSTOCK.COM

F) PINCEL

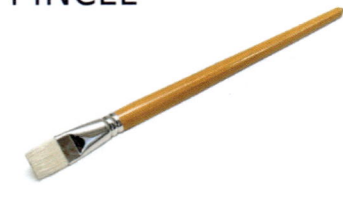

BANANA REPUBLIC IMAGES/SHUTTERSTOCK.COM

N	I	L	E	S	C	A	D	A	R
A	M	A	S	F	T	E	I	O	P
C	S	A	F	N	G	I	Z	J	O
X	Z	W	R	T	H	K	O	O	N
A	M	E	N	D	O	I	M	A	Ç
T	U	B	G	T	U	C	D	P	A
D	B	A	R	C	O	N	N	E	L
K	T	O	P	C	D	O	N	D	A
V	B	P	I	N	C	E	L	G	F

3 TROQUE A COR PELA SÍLABA INDICADA NAS LEGENDAS E DESCUBRA AS PALAVRAS.

AN	RIZ	JO	CHA	PEN	FA

TE	NA	AR	DEN	VO	ZOL

A) _____

B) _____

C) _____

D) _____

E) _____

F) _____

G) _____

H) _____

I) _____

4 LEIA AS PALAVRAS E OBSERVE O QUE ESTÁ DESTACADO.

LI**M**PEZA   SEME**N**TE
TRO**M**BA

ANTES DAS LETRAS **B** E **P** DEVE SER UTILIZADA A LETRA **M**.

- COMPLETE AS PALAVRAS COM **M** OU **N**.

A) E____PADA

B) PE____TE

C) PO____BA

D) MORA____GO

E) TA____PA

F) GI____CANA

G) CA____PO

H) MA____SO

I) BA____DA

PRODUÇÃO DE TEXTO

DESENHO

1 NA PÁGINA A SEGUIR, FAÇA UM DESENHO OU UMA COLAGEM SOBRE O QUE OCORRE AO MEIO-DIA EM SUA ESCOLA, EM SUA CASA OU EM LUGARES PRÓXIMOS A ELA. SIGA ESTAS ETAPAS.

1ª) CONSIDERE O QUE É ESPECIAL: SERÁ QUE NO LOCAL ESCOLHIDO HÁ CIGARRAS QUE CANTAM? POR ALI HÁ UM LAVRADOR OU SÃO MAIS COMUNS OUTROS PROFISSIONAIS? O QUE GERALMENTE AS PESSOAS FAZEM ALI NESSE HORÁRIO?

2ª) NO DESENHO OU NA COLAGEM, ESCREVA PALAVRAS QUE INDIQUEM O QUE VOCÊ REPRESENTOU, TANTO O LUGAR COMO OS PERSONAGENS.

3ª) CRIE UM TÍTULO PARA SUA PRODUÇÃO SEM USAR A PALAVRA "MEIO-DIA".

4ª) OBSERVE SEU DESENHO OU SUA COLAGEM, RELEIA AS PALAVRAS QUE ESCREVEU E VERIFIQUE SE VOCÊ:

- USOU VOGAL EM TODAS AS PALAVRAS;
- USOU **M** ANTES DE **B** E **P**;
- USOU OS SINAIS DE PONTUAÇÃO QUANDO NECESSÁRIO.

 **TEXTO**

 **PIADA**

NA SALA DE AULA, A PROFESSORA USA UMA SITUAÇÃO PARA DAR UM EXEMPLO E UM ALUNO ENTENDE DE OUTRA MANEIRA... E AGORA? LEIA O TEXTO E VEJA O QUE ACONTECEU.

É LÓGICA!

A PROFESSORA PERGUNTA AOS ALUNOS:

— SE EU FOR À FEIRA E COMER 3 PERAS, 7 BANANAS, 15 FRAMBOESAS E 1 MELANCIA, QUAL SERÁ O RESULTADO?

DO FUNDO DA SALA, ALGUÉM GRITA:

— UMA DOR DE BARRIGA!

PIADA.

1 ONDE O FATO OCORREU? OBSERVE AS ILUSTRAÇÕES E PINTE A QUE REPRESENTA O LOCAL.

A)

B)

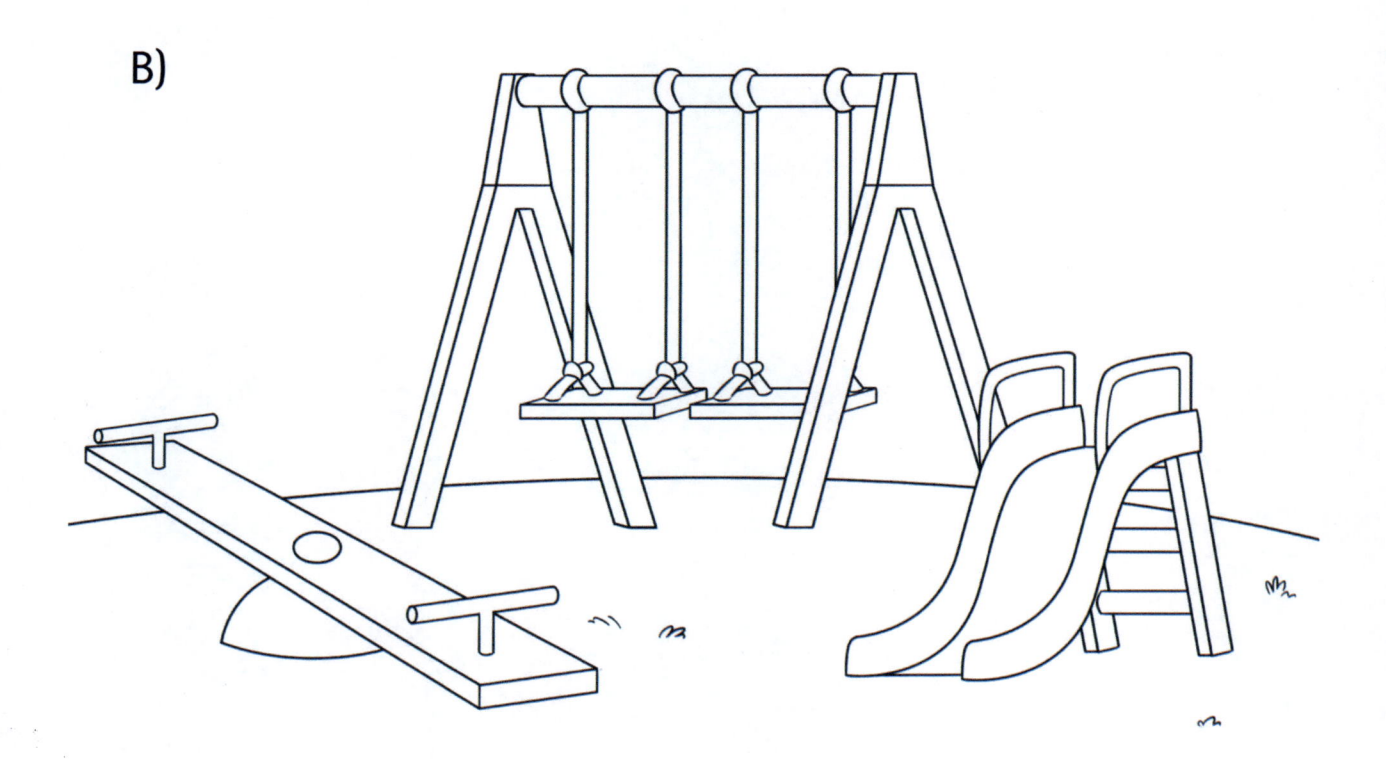

2 QUEM SÃO OS PERSONAGENS?

A) ☐ A PROFESSORA E OS ALUNOS.

B) ☐ A PROFESSORA E O DIRETOR.

C) ☐ OS ALUNOS E O DIRETOR.

3 PINTE A QUANTIDADE DE CADA TIPO DE FRUTA QUE A PROFESSORA CITA NO TEXTO.

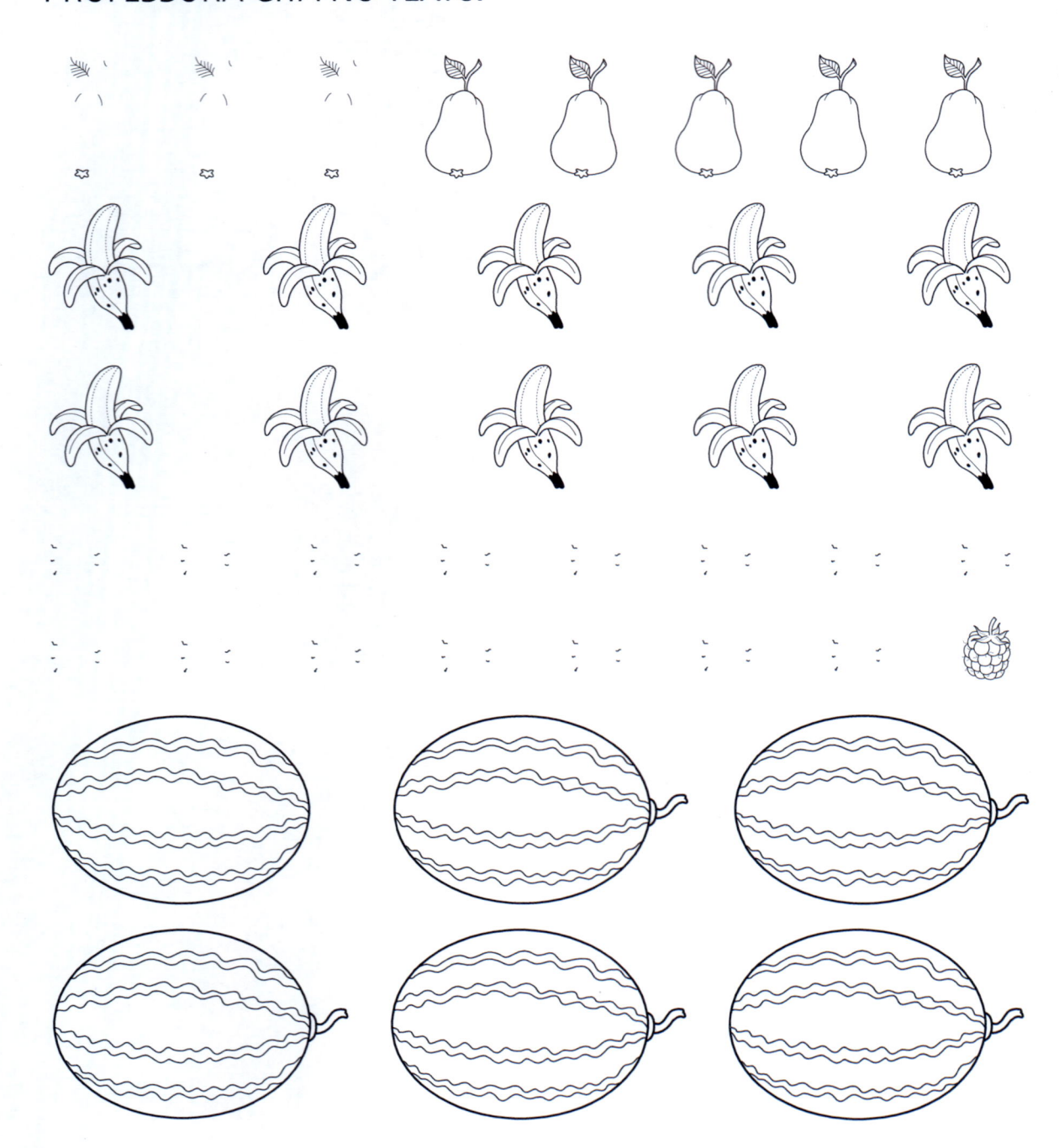

4 DURANTE A LEITURA DESSA PIADA, ESPERAMOS QUE, NO FINAL, SEJA DADO O TOTAL DE FRUTAS QUE A PROFESSORA COMEU. ISSO ACONTECE?

A) ☐ SIM   B) ☐ NÃO

SE O FINAL FOSSE O TOTAL DE FRUTAS QUE A PROFESSORA COMEU, A PIADA NÃO TERIA GRAÇA, POIS APRESENTARIA A RESPOSTA ESPERADA.

O HUMOR DE UMA PIADA É CAUSADO, ENTRE OUTROS FATORES, POR UM FINAL DIFERENTE DO QUE ESPERAMOS.

5 COPIE DO FINAL DO TEXTO A RESPOSTA INESPERADA DADA PELO ALUNO.

_____

_____

 **LÍNGUA**

LETRAS S E SS, R E RR

1 LEIA AS PALAVRAS E OBSERVE COMO FICAM SEPARADAS EM SÍLABAS.

CA**S**A	CA-**S**A
O**SS**O	O**S**-**S**O
PE**R**A	PE-**R**A
BU**RR**O	BU**R**-**R**O

 AS LETRAS **SS** E **RR** NÃO PODEM FICAR NA MESMA SÍLABA.

91

2 LEIA AS PALAVRAS E SEPARE-AS EM SÍLABAS.

A) PÁSSARO

☐ - ☐ - ☐

B) CARRO

☐ - ☐

C) ASA

☐ - ☐

D) BARRIGA

☐ - ☐ - ☐

E) MISSA

☐ - ☐

F) BURRO

☐ - ☐

G) FERRADURA

☐ - ☐ - ☐ - ☐

H) XÍCARA

☐ - ☐ - ☐

I) PÊSSEGO

☐ - ☐ - ☐

J) MESA

☐ - ☐

PRODUÇÃO DE TEXTO

TIRINHA

1 EM ALGUNS TIPOS DE TEXTO É COMUM HAVER PERSONAGENS. PINTE OS QUADRINHOS QUE TÊM O NOME DESSES TEXTOS.

| POEMA | TIRINHA | PIADA | GLOSSÁRIO |

2 O TEXTO *É LÓGICA!* TEM DOIS PERSONAGENS PRINCIPAIS QUE INTERPRETAM A SITUAÇÃO DE MANEIRAS DIFERENTES, POR ISSO HÁ UM FINAL ENGRAÇADO. DESSA FORMA, PODEMOS CONCLUIR QUE:

A) ☐ O TEXTO TEM UM FINAL ENGRAÇADO PORQUE OS PERSONAGENS FALAM.

B) ☐ O TEXTO TEM UM FINAL ENGRAÇADO PORQUE ESTA É UMA DAS CARACTERÍSTICAS DA PIADA.

3 DOS TIPOS DE TEXTO QUE VOCÊ PINTOU NA ATIVIDADE 1, CIRCULE AQUELES QUE PODEM APRESENTAR HUMOR, ISTO É, SITUAÇÕES CÔMICAS, ENGRAÇADAS OU DIVERTIDAS.

4 VOCÊ VAI TRANSFORMAR A PIADA *É LÓGICA!* EM UMA TIRINHA. PARA ISSO, UTILIZE O ESPAÇO NA PÁGINA SEGUINTE E SIGA AS ETAPAS.

1ª) RELEIA A PIADA E PENSE EM COMO DESENHAR OS PERSONAGENS (A PROFESSORA E O ALUNO).

2ª) USE A CRIATIVIDADE E ACRESCENTE MAIS ALUNOS NA CENA.

3ª) DESENHE O AMBIENTE ONDE A CENA ACONTECE. COMO É A SALA DE AULA? DESENHE OS OBJETOS ENCONTRADOS NELA E TAMBÉM AS FRUTAS QUE A PROFESSORA CITA.

4ª) NÃO SE ESQUEÇA DE USAR BALÕES DE FALA PARA INDICAR O QUE OS PERSONAGENS VÃO DIZER.

5ª) ORGANIZE A TIRINHA EM TRÊS QUADRINHOS.

6ª) VERIFIQUE SE VOCÊ ESCREVEU AS PALAVRAS CORRETAMENTE.

LEIA AS ADIVINHAS A SEGUIR, DESCUBRA AS RESPOSTAS E FAÇA DESENHOS PARA REPRESENTÁ-LAS.

O QUE É, O QUE É...
QUE CAI EM PÉ E CORRE DEITADO?

O QUE É, O QUE É...
POR ONDE O BOI CONSEGUE PASSAR, MAS O MOSQUITO FICA PRESO?

O QUE É, O QUE É...
QUE VIVE COM OS PÉS NA CABEÇA?

 **LÍNGUA**

SÍLABAS CHU, LHO E NHA

1 LEIA AS PALAVRAS E OBSERVE COMO FICAM QUANDO SEPARADAS EM SÍLABAS.

CHUVA **PIOLHO**

ARANHA

A) CHUVA | CHU | – | VA |

B) PIOLHO | PI | – | O | – | LHO |

C) ARANHA | A | – | RA | – | NHA |

> NA SEPARAÇÃO EM SÍLABAS, AS LETRAS **CH**, **LH** E **NH** FICAM JUNTAS.

2 AGORA SEPARE AS PALAVRAS A SEGUIR EM SÍLABAS:

A) CHINELO [ ] – [ ] – [ ]

B) CHAVE [ ] – [ ]

C) BILHETE [ ] – [ ] – [ ]

D) BOLHA [ ] – [ ]

E) MINHOCA [ ] – [ ] – [ ]

F) NENHUM [ ] – [ ]

G) VINHO [ ] – [ ]

3 AS SÍLABAS DAS PALAVRAS A SEGUIR ESTÃO FORA DE ORDEM. DESCUBRA QUAIS SÃO AS PALAVRAS, LIGUE-AS ÀS FOTOGRAFIAS E ESCREVA-AS NOS ESPAÇOS INDICADOS.

A) L H O - C O - E

SOLEG/
SHUTTERSTOCK.COM

_____

B) L I - N H A - G A

ANTPKR/
SHUTTERSTOCK.COM

_____

C) N H O - N I

OLEKSANDR
LYTVYNENKO/
DREAMSTIME.COM

_____

D) L H O - A

DENISNATA/
SHUTTERSTOCK.COM

_____

E) P É U - C H A

VAV63/
DREAMSTIME.COM

_____

F) T A - C H U - P E

NUTTAPONG/
DREAMSTIME.COM

_____

4 LEIA TRECHOS DE ALGUMAS PARLENDAS.

HOJE É DOMINGO,
PEDE **CACHIMBO**. [...]

JOÃOZINHO
É UM BOM GUIADOR,
QUANDO FALTA GASOLINA
ELE FAZ XIXI NO MOTOR.

SANTA CLARA CLAREOU!
VAI **CHUVA**, VEM SOL
PRA ENXUGAR O MEU LENÇOL.

CADÊ O **TOUCINHO**
QUE ESTAVA AQUI?
O GATO COMEU.
[...]

DEDO **MINDINHO**,
SEU **VIZINHO**,
MAIOR DE TODOS,
FURA-BOLO,
MATA-PIOLHO.

- ORGANIZE NO QUADRO AS PALAVRAS DESTACADAS NAS PARLENDAS. ESCREVA-AS NAS COLUNAS CORRESPONDENTES.

PALAVRAS COM LH	PALAVRAS COM NH	PALAVRAS COM CH

5 OBSERVE AS ILUSTRAÇÕES E PINTE A PALAVRA QUE CORRESPONDE A CADA UMA DELAS.

A) 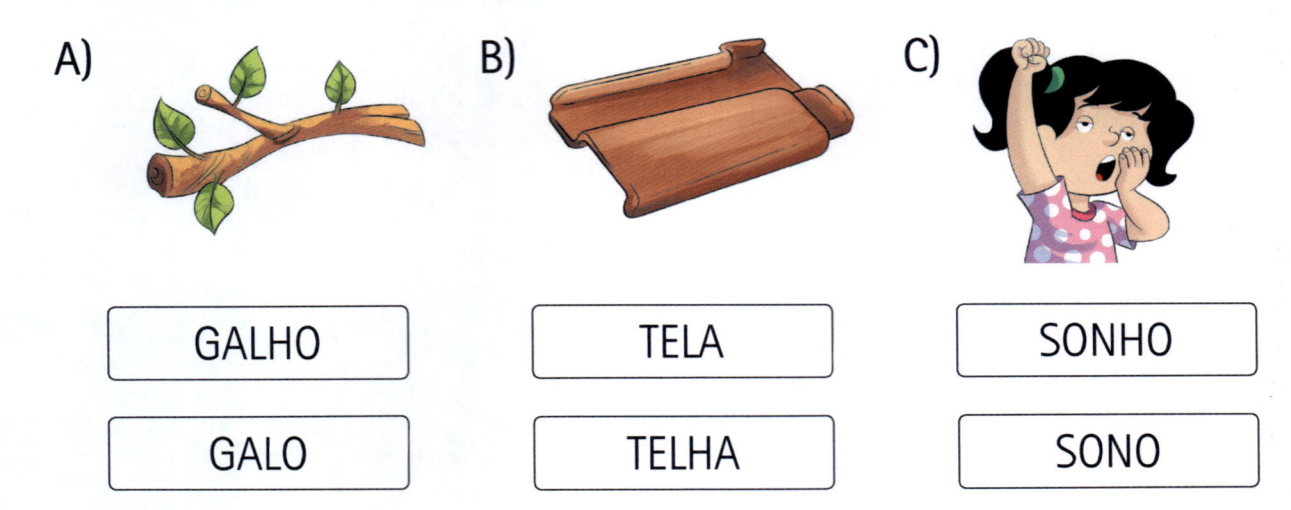   B)   C)

GALHO		TELA		SONHO
GALO		TELHA		SONO

PRODUÇÃO DE TEXTO

PARLENDA

1 VOCÊ VAI FAZER UM DESENHO PARA BRINCAR COM UMA DAS PARLENDAS.

- PARA FAZER O DESENHO, SIGA AS ETAPAS.

1ª) APOIE UMA DAS MÃOS NO CENTRO DO QUADRO DA PÁGINA 101 E CONTORNE-A COM UM LÁPIS PRETO.

2ª) AO LADO DE CADA DEDO, ESCREVA O NOME QUE ELE RECEBE NA PARLENDA.

3ª) USE AS VOGAIS E AS CONSOANTES, O HÍFEN E **LH** E **NH** QUANDO NECESSÁRIO.

4ª) OBSERVE SEU DESENHO, RELEIA OS NOMES E VERIFIQUE SE VOCÊ OS ESCREVEU CORRETAMENTE.

5ª) QUANDO O DESENHO ESTIVER PRONTO, CANTE OS VERSOS DA PARLENDA ENCOSTANDO SEUS DEDOS AOS DO DESENHO.

6ª) ANTES DE FAZER O DESENHO, LEIA NOVAMENTE A PARLENDA E DÊ UM TÍTULO PARA ELA.

TÍTULO: _____

DEDO MINDINHO,

SEU VIZINHO,

MAIOR DE TODOS,

FURA-BOLO,

MATA-PIOLHO.

 **TEXTO**

 **POEMA**

COMO É POSSÍVEL EM TÃO POUCO ESPAÇO CABER TANTA COISA? LEIA O TEXTO PARA SABER QUE ESPAÇO É ESTE.

O LIVRO ESTREITO

1 NO LIVRO **ESTREITO**
2 CABEM DOIS DEDOS
3 E
4 O BURACO DA AGULHA,

5 A LINHA DA PIPA E A PIPA,
6 QUANDO ELA FICA
7 BEM PEQUENA
8 LÁ NO CÉU.

9 A BICICLETA, O CICLISTA
10 E O SEU AMIGO,

11 SÓ NÃO CABE O MEU ABRAÇO,

12 QUE É APERTADO
13 MAS NÃO É ESTREITO.

CAULOS. *O LIVRO ESTREITO*. RIO DE JANEIRO: ROCCO, 2010. P. 6, 10, 28 E 34-35.

ESTREITO: QUE TEM POUCO ESPAÇO, POUCA LARGURA.

1 O POEMA QUE VOCÊ LEU É SOBRE UM LIVRO EM QUE CABEM ALGUMAS COISAS, MAS NÃO CABEM OUTRAS...

A) COMO O POEMA É ORGANIZADO?

_____

_____

B) QUAL É O TÍTULO DO POEMA?

_____

2 EM QUAIS VERSOS É INDICADO O QUE CABE NO LIVRO? ESCREVA O NÚMERO DOS VERSOS.

☐ ☐ ☐ ☐ ☐

3 PINTE O QUE CABE NO LIVRO E CIRCULE O QUE NÃO CABE.

4 COMO VOCÊ IMAGINA SER O AMIGO DO CICLISTA? DESENHE-O E DÊ UM NOME PARA ELE.

 **LÍNGUA**

SÍLABAS CE, CI, ÇO E CA, CO, CU

1 LEIA AS PALAVRAS E OBSERVE AS LETRAS DESTACADAS.

CÉU **CICLISTA**

ABRAÇO

NESSAS PALAVRAS A LETRA **C** REPRESENTA O SOM **SÊ**.

CARAMBOLA **COPO**

CUBO

NESSAS PALAVRAS A LETRA **C** REPRESENTA O SOM **Q**.

A) LEIA AS PALAVRAS A SEGUIR E PRESTE ATENÇÃO NO **SOM** REPRESENTADO PELA LETRA **C**.

CASA	**CO**CO	**CU**ECA		**CE**BOLA	**CI**NEMA

CARRO**Ç**A	PO**Ç**O	A**Ç**ÚCAR

B) AGORA ESCREVA CADA PALAVRA DO ITEM **A** NA COLUNA ADEQUADA DO QUADRO A SEGUIR.

DICA: ANTES DE PREENCHER O QUADRO, LEIA CADA PALAVRA EM VOZ ALTA, ASSIM VOCÊ PERCEBERÁ MELHOR O SOM DO **C**.

LETRA C COM SOM DE SÊ	**LETRA C COM SOM DE Q**

---

2 ESCREVA A PALAVRA QUE NOMEIA CADA ILUSTRAÇÃO PARA COMPLETAR AS FRASES.

A) JOANA CHORA QUANDO DESCASCA  _____.

B) O ♥ _____ DE FÁBIO BATE MAIS FORTE QUANDO VÊ MARIA.

C) A HISTÓRIA DIZ QUE A FORMIGA TRABALHA ENQUANTO A

 _____ CANTA.

3 A PALAVRA **ESTREITO**, QUE APARECE NO TÍTULO DO POEMA, SIGNIFICA "COM POUCO ESPAÇO". CIRCULE A PALAVRA QUE PODE SER USADA NO LUGAR DE **ESTREITO** SEM ALTERAR O SENTIDO DO POEMA.

A) ☐ FINO   B) ☐ LEVE   C) ☐ MACIO

> UMA PALAVRA É **SINÔNIMO** DE OUTRA QUANDO ELAS TÊM O MESMO SENTIDO: **ESTREITO** E **FINO**.
> UMA PALAVRA É **ANTÔNIMO** DE OUTRA QUANDO ELAS TÊM SIGNIFICADOS CONTRÁRIOS: **ESTREITO** E **LARGO**.

4 LEIA AS PALAVRAS E LIGUE AS QUE SÃO ANTÔNIMAS.

A) ESTREITO	MOLE
B) COMPRIDO	PEQUENO
C) GRANDE	PERTO
D) LONGE	LARGO
E) DURO	BAIXO
F) ALTO	CURTO

PRODUÇÃO DE TEXTO

POEMA

1 SE VOCÊ TIVESSE UM LIVRO ESTREITO, O QUE COLOCARIA DENTRO DELE? VOCÊ CRIARÁ UMA NOVA ESTROFE PARA REGISTRAR O QUE MAIS CABE EM SEU LIVRO ESTREITO. PARA ISSO, SIGA AS ETAPAS.

1ª) A ESTROFE DEVE SER FORMADA POR QUATRO VERSOS.

2ª) ANTES DE ESCREVER, PENSE NO QUE VOCÊ QUER COLOCAR NO LIVRO E QUE CAIBA NELE. PODEM SER OUTROS BRINQUEDOS, ANIMAIS ETC.

3ª) ESCREVA O NOME DE TUDO O QUE CABE EM SEU LIVRO.

4ª) ESCREVA UM RASCUNHO DA ESTROFE NO CADERNO E VERIFIQUE A GRAFIA DAS PALAVRAS E A ORGANIZAÇÃO DO TEXTO.

5ª) ESCREVA SEUS VERSOS NAS LINHAS A SEGUIR. COMECE SUA ESTROFE COM **E CABE TAMBÉM**.

_____

_____

_____

_____

_____

_____

_____

6ª) FAÇA UM DESENHO PARA ACOMPANHAR A ESTROFE QUE VOCÊ CRIOU.

O QUE SERÁ QUE OS PERSONAGENS PEDRO, ANA CLETA E ISBELA ESTÃO APRONTANDO? PARA SABER, LEIA OS VERSOS.

DEZ CASAS E UM POSTE QUE PEDRO FEZ

☐ ESTA É A CASA ROXA QUE PEDRO FEZ,

☐ ONDE MORA UMA PERERECA.

☐ ANA CLETA RODA

☐ RODA PELA RUA DE BICICLETA.

☐ ELA DIZ ADEUS E VAI SIMBORA

☐ COM A ISBELA NA **GARUPA**.

☐ NO CAMINHO,

☐ DIZ UM VERSO BEM BONITO

☐ EM TROCA DE UM PEDAÇO DE FRUTA.

☐ HUM, AÍ TEM TRUTA!

HERMES BERNARDI JR. *DEZ CASAS E UM POSTE QUE PEDRO FEZ*. PORTO ALEGRE: PROJETO, 2010. P. 1.

GARUPA: LUGAR ATRÁS DO ASSENTO DE BICICLETA OU DE MOTOCICLETA.

1 QUANTOS VERSOS VOCÊ OBSERVA NO POEMA? NUMERE-OS NOS QUADRINHOS DO LADO ESQUERDO DO POEMA.

_____

2 QUAIS SÃO OS PERSONAGENS DO TEXTO? RELEIA OS VERSOS INDICADOS E ESCREVA O NOME DELES:

A) VERSO 1: _____

B) VERSO 3: _____

C) VERSO 6: _____

3 ANA CLETA É UM ANIMAL. QUE ANIMAL ELA É? ESCREVA O NOME DELE.

_____

4 LEIA AS PALAVRAS E PINTE DA MESMA COR AQUELAS QUE TÊM SENTIDO PARECIDO, ISTO É, QUE SÃO SINÔNIMAS. VEJA O EXEMPLO.

ANDA	CONSTRUIU	DIZ	FALA

FEZ	PERERECA	RÃ	RODA

5 RELEIA O VERSO 5 E FAÇA O QUE SE PEDE.

ELA DIZ ADEUS E VAI SIMBORA

A) A PALAVRA **ELA** FAZ REFERÊNCIA A UM DOS PERSONAGENS DO POEMA. QUEM É ESSE PERSONAGEM?

_____

B) OBSERVE AS SEGUINTES EXPRESSÕES E COPIE DO POEMA AS PALAVRAS QUE CORRESPONDEM A ELAS.

• DESPEDE-SE: _____

• VAI-SE EMBORA: _____

6 OBSERVE ALGUNS SENTIDOS QUE A PALAVRA **TRUTA** PODE TER:

> **1.** PEIXE.
> **2.** PESSOA IMPORTANTE.
> **3.** TRAPAÇA, ARMAÇÃO.

A) RELEIA O ÚLTIMO VERSO DO POEMA.

HUM, AÍ TEM **TRUTA**!

B) EM QUAL DESSES SENTIDOS A PALAVRA TRUTA É USADA NESSE VERSO? ESCREVA O NÚMERO CORRESPONDENTE. ☐

7 RELEIA O POEMA E ESCREVA LADO A LADO AS PALAVRAS QUE TERMINAM COM LETRAS SEMELHANTES.

_____

_____

LÍNGUA

SÍLABAS CLE E FRU

1 LEIA AS PALAVRAS. DEPOIS MARQUE UM **X** NA FRASE CORRETA SOBRE ELAS.

BICICLETA   FRUTA

A) ☐ NESSAS PALAVRAS, APARECEM DUAS VOGAIS NA MESMA SÍLABA.

B) ☐ NESSAS PALAVRAS, APARECEM DUAS CONSOANTES NA MESMA SÍLABA.

2 LEIA AS PALAVRAS E SEPARE-AS EM SÍLABAS.

A) TREM

B) FLOR

C) TROFÉU

D) PLACA

E) FLAUTA

F) PROFESSOR

G) GRAVATA

H) ESTRELA

I) FLANELA

3 COM BASE NA LISTA DE PALAVRAS DA ATIVIDADE 2, PREENCHA A TABELA. PARA ISSO, OBSERVE O USO DE VOGAIS E CONSOANTES NAS SÍLABAS.

PALAVRA COM SÍLABA FORMADA POR CONSOANTE + L, COMO EM BICICLETA	PALAVRA COM SÍLABA FORMADA POR CONSOANTE + R, COMO EM FRUTA	PALAVRA COM SÍLABA FORMADA POR CONSOANTE + DUAS VOGAIS, COMO EM CHAPÉU

PRODUÇÃO DE TEXTO

CONTO

1 AGORA TRANSFORME O POEMA EM UM CONTO COM TRÊS PARÁGRAFOS. SIGA AS ETAPAS.

1ª) LEIA AS PALAVRAS E EXPRESSÕES A SEGUIR. VOCÊ DEVE ESCOLHER ALGUMAS DELAS PARA ESCREVER SEU CONTO.

> RÃ — ANDA — BICICLETA — PERERECA
>
> BONITO — CONSTRUÍDA POR — GARUPA
>
> FEITA POR — CASA — ENGRAÇADA
>
> BOLO — UM VERSO — UMA FRASE — FRUTA

2ª) AGORA COMPLETE OS ESPAÇOS COM AS PALAVRAS OU EXPRESSÕES:

DICA: PARA ALGUNS ESPAÇOS HÁ MAIS DE UMA OPÇÃO DE PALAVRA OU EXPRESSÃO QUE PODE SER USADA.

PRIMEIRO PARÁGRAFO

A _____ ANA CLETA VIVE NA _____
ROXA _____ PEDRO.

SEGUNDO PARÁGRAFO

ELA _____ PELA RUA DE _____ COM
ISBELA NA _____. E LÁ VÃO AS DUAS!

TERCEIRO PARÁGRAFO

ELA DIZ _____ BEM _____
EM TROCA DE UM PEDAÇO DE _____.